Gehobenes Deutsch Sprechen

Vincent Landré

ISBN: 9781700248176

INHALT

Dieses Buch ist allen Personen gewidmet, die Deutsch auf einem hohen Niveau lernen möchten.

DANKSAGUNG

Ich danke Jana Barenschee für ihre akribische Korrektur und meiner
Familie für die Unterstützung.

Sehr geehrte Damen und Herren,

Vielen Dank, dass Sie dieses Buch gekauft haben. Diese Schrift ist dafür konzipiert, Ihnen den gehobenen Wortschatz der deutschen Sprache zur Verfügung zu stellen. Es sind insgesamt 1200 Wörter mit Wortart, Bedeutung und Beispielen vorhanden. Nicht jedem Leser werden all diese Wörter gleichermaßen alltäglich oder gehoben vorkommen und es sind nicht alle Wörter der Bildungssprache enthalten.

Trotz größter Mühe und Sorgfalt beim Erstellen dieses Buches, können Fehler verblieben sein, für die oder deren Konsequenzen ich keine Haftung übernehmen kann.

Dieses Projekt lebt von der Mitarbeit seiner Leser und soll kontinuierlich weiterentwickelt werden. Deshalb möchte ich Sie um Rückmeldungen/Verbesserungsvorschläge und eine positive Amazon Rezension bitten. Sie können mich jederzeit unter **official.inmedco@gmail.com** erreichen.

Am Ende dieses Buches finden Sie **weitere interessante Bücher** zum Thema Sprachen. Es lohnt sich!

Ich wünsche Ihnen viel Spaß beim Lernen und Kommunizieren.

Vincent Landré

A

1   ***aasen***   /aásen/   Verb
verschwenden, (mit etw.) verschwenderisch umgehen
mit dem Geld aasen

2   ***ab ovo***   /áb óvo/   Ausdruck
von Anfang an, von vornherein
Ihre Liebe war ab ovo perfekt.

3   ***abändern***   /ábändern/   Verb
ein wenig, in Teilen ändern
Vor seinem Tod musste er sein Testament abändern.

4   ***abbehalten***   /ábbehalten/   Verb
die Kopfbedeckung nicht wieder aufsetzen
In der Kirche muss man seinen Hut abbehalten.

5   ***Abbitte (f)***   /Ábbitte/   Substantiv
Die förmliche Bitte um Verzeihung für etwas, das einem leid tut.
/Entschuldigung.
Die Nonnen werden Gott Abbitte leisten.

6   ***abbitten***   /ábbitten/   Verb
sich entschuldigen/ jmd. förmlich um Verzeihung bitten
Ich habe dem Opfer viel abzubitten.

7   ***abbreviieren***   /ábbreviieren/   Verb
abkürzen
Wörter werden abbreviiert, um Zeit zu sparen. Das Wort
Operation wird mit „OP" abbreviiert.

8   ***abdarben***   /ábdarben/   Verb
entziehen, absparen
Der Vater muss sich das Essen abdarben, damit die Kinder sich
ernähren können.

9   ***abdienen***   /ábdienen/   Verb
einen Dienst voll ableisten
Der Soldat dient ab.

10   ***abdominal***   /abdominál/   Adjektiv
den Bauch betreffend
Das Kind berichtet über abdominale Schmerzen.

11   ***abdriften***   /ábdriften/   Verb
 vom Kurs, von der eingeschlagenen Richtung, abweichen
Der Jugendliche driftet vom rechten Weg ab.

12   ***Abduktion (f)***   /Abduktión/   Substantiv
das Bewegen eines Körperteils von der Körperachse weg
Die Abduktion des Armes kann Schmerzen bereiten.

13   ***Abendland (n)***   /Ábendland/   Substantiv
kulturelle Einheit der europäischen Völker/Europa/der
Westen/Okzident
Das Abendland bereitete sich auf einen Kreuzzug vor.

14   ***Abendstunde (f)***   /Ábendstunde/   Substantiv
Zeit, Stunde am Abend
In der Abendstunde sind bestimmte Tiere vermehrt aktiv.

15   ***aberhundert***   /áberhundert/   Adjektiv
viele Hundert
Aberhundert Freiwillige kämpfen bis zum Ende.

16   ***Aberration (f)***   /Aberration/   Substantiv
Abweichung vom Normalen
Es handelt sich um eine starke Aberration im Verhalten.

17   ***Aberwitz (m)***   /Aberwitz/   Substantiv
Unsinnigkeit, Wahnwitz
Diese Handlung ist ein Aberwitz.

18   ***aberziehen***   /aberziehen/   Verb
jemandem etwas durch erzieherische Maßnahmen abgewöhnen
dem Kind die Unart aberziehen

19   ***Abfassung (f)***   /Abfassung/   Substantiv
Anfertigung, Aufzeichnung, Formulierung, Niederschrift
Die Abfassung des Textes ist von höchster Qualität.

20   ***abfordern***   /abfordern/   Verb
von jemandem etwas nachdrücklich fordern, jemandem etwas
abverlangen
Von den Heidelberger Studenten werden Maximalleistungen
abgefordert.

21   ***abgängig***   /abgängig/   Adjektiv
überzählig, überflüssig, weil unbrauchbar
Abgängige Hühner werden geschlachtet.

22   ***abgelebt***   /abgelebt/   Adjektiv
vom langen Leben verbraucht, entkräftet, alt und kraftlos,
altmodisch
Personen mit abgelebten Methoden versperren das System.

23   ***abgeraten***   /ábgeraten/   Verb
etwas (ohne es zu merken) verlassen
Durch seinen Hass ist er kontinuierlich vom rechten Weg
abgeraten.

24   ***abgeschieden***   /ábgeschieden/   Adjektiv
entlegen, einsam, abgelegen
Der Mann lebt in abgeschiedener Einsamkeit.

25   ***Abgeschiedener (m)*** /Ábgeschiedener/   Substantiv
Verstorbener
Der Großvater zählt jetzt zu den Abgeschiedenen.

26   ***abgründig***   /ábgründig/   Adjektiv
von rätselhafter, geheimnisvoller Unergründlichkeit
Der Mörder hat ein abgründiges Geheimnis.

27   ***abhold***   /ábhold/   Adjektiv
abgeneigt, ungünstig
Diese Person ist mir abhold.

28   ***Abrede (f)***   /Ábrede/   Substantiv
Verabredung, Vereinbarung
Das bedarf keiner Abrede.

29   ***abstinent***   /abstinént/   Adjektiv
auf bestimmte Genüsse völlig verzichtend
Man kann abstinent Leben und trotzdem früh sterben.

30   ***abstrahieren***   /abstrahiéren/   Verb
Prinzipien aus etwas ableiten
Dieses Konzept wurde aus den Vorgängen abstrahiert.

31   ***abstrus***   /abstrús/   Adjektiv
verworren, abwegig, chaotisch, irrig
Das ist eine abstruse Idee.

32   ***abundant***   /abundánt/   Adjektiv
häufig vorkommend, reichlich, im Überfluss
Das abundante Vorkommen von Ratten schädigt eine Stadt.

33   ***achtsam***   /áchtsam/   Adjektiv
wachsam, vorsichtig, aufmerksam
Man muss achtsam mit dem Neugeborenen umgehen.

34   ***adaptieren***   /adaptiéren/   Verb
anpassen, unterziehen, herrichten
Der Mann hat die Sprache seiner Freunde adaptiert.

35   ***adäquat***   /adäquát/   Adjektiv
angemessen, entsprechend
Die Reaktion auf den Angriff ist adäquat.

36   ***adoleszent***   /adoleszént/   Adjektiv
jugendlich, heranwachsend
Diese Bar ist nicht für adoleszente Besucher geöffnet.

37   ***Affekt (m)***   /Affékt/   Substantiv
starke Gefühlsregung, Gemütsbewegung, innere Erregung
Der Mörder handelt im Affekt.

38   ***affektiert***   /affektiért/   Adjektiv
geziert, unecht, gezwungen, gekünstelt
ein affektiertes Verhalten

39   *äffen*   /ä́ffen/   Verb
irreführen, täuschen
Die Trojaner haben die Griechen geäfft.

40   *affirmativ*   /affirmatív/   Adjektiv
bejahend, bestätigend
eine affirmative Antwort auf die Bewerbung erhalten

41   *affizieren*   /affizíeren/   Verb
reizen, bewegen, sich übertragen
Das Kind affiziert die Pflanze durch seinen Finger.

42   *Affront (m)*   /Áffront/   Substantiv
schwere Beleidigung, Kränkung
Ein gezielter Affront bringt sie zur Weißglut.

43   *Aficionado (m)*   /Aficionádo/   Substantiv
begeisterter Anhänger, Liebhaber
Der Schüler ist ein Aficionado der Kunst.

44   *Agglomeration (f)*   /Agglomeratión/   Substantiv
Anhäufung, Zusammenballung, Ballungsgebiet
Ein Wald ist eine Agglomeration von Bäumen.

45   *agglomerieren*   /agglomeríeren/   Verb
ansammeln, anhäufen, zusammenballen
Im Meer ist viel Plastik agglomeriert.

46   *agil*   /ágil/   Adjektiv
beweglich, wendig
Die alte Frau ist noch sehr agil.

47   **_agnostisch_**   /agnóstisch/   Adjektiv
den Agnostizismus betreffend/ ihm ausgehend
eine agnostische Weltanschauung

48   **_Akribie (f)_**   /Akribié/   Substantiv
höchste Genauigkeit in Bezug auf die Ausführung von etwas
Die chirurgische Akribie hat den Patienten geheilt.

49   **_akribisch_**   /akríbisch/   Adjektiv
peinlich genau, sehr sorgfältig, äußerst gründlich
Um valide Ergebnisse zu erzielen, ist eine akribische Aufzeichnung notwendig.

50   **_Akteur (m)_**   /Aktéur/   Substantiv
handelnde Person
Alle Akteure profitierten von dem Geschäft.

51   **_akzentuieren_**   /akzentuiéren/   Verb
etw. betonen, hervorheben
Der Dichter möchte gewisse Aussagen durch Reime akzentuieren.

52   **_akzidentell_**   /akzidentéll/   Adjektiv
zufällig, unwesentlich, zufällig auftretend
Die Begegnung der beiden Personen war akzidentell.

53   **_alert_**   /alért/   Adjektiv
flink, munter, geistig beweglich, aufgeweckt
Es handelt sich um alerte Geschäftsleute.

54   **_alimentieren_**   /alimentiéren/   Verb
finanziell unterstützen, unterhalten
Das Kind wird durch die Eltern alimentiert.

55 **allerorten**   /állerórten/   Adverb
überall
Von dem Mann wird allerorten erzählt.

56 **allokieren**   /allokiéren/   Verb
etwas für einen bestimmten Zweck zur Verfügung stellen
Die Ressourcen müssen sinnvoll allokiert werden.

57 **Allüre (f)**   /Allüre/   Substantiv
auffallendes Benehmen, Gehabe
Jeder Mensch hat seine persönlichen Allüren.

58 **Allusion (f)**   /Allusión/   Substantiv
Anspielung auf etwas in der Vergangenheit
Diese Aussage ist eine Allusion auf den Zweiten Weltkrieg.

59 **alternieren**   /alterniéren/   Verb
wechseln, sich abwechseln, einander ablösen
eine alternierende Ausübung der Tätigkeit

60 **Altruismus (m)**   /Altruísmus/   Substantiv
selbstlose Handlungsweise, Uneigennützigkeit
Täglicher Altruismus hilft, die Welt zu einem besseren Ort zu machen.

61 **altruistisch**   /altruístisch/   Adjektiv
selbstlos, aufopfern, uneigennützig
Der Priester handelte aus altruistischen Gründen.

62 **Altvorderer (m)**   /Áltvorderer/   Substantiv
Vorfahr, Ahne
Die Altvorderen trafen die Entscheidung.

63   **Ambiguität (f)**   /Ambiguität/   Substantiv
Doppeldeutigkeit, Mehrdeutigkeit
Durch die Ambiguität seiner Aussagen werden die wahren Ziele verschleiert.

64   **ambivalent**   /ambivalent/   Adjektiv
zwiespältig, in sich widersprüchlich
Deutschland und Griechenland haben ein ambivalentes Verhältnis.

65   **Ambivalenz (f)**   /Ambivalenz/   Substantiv
Zerrissenheit, Zwiespältigkeit, Zerrissenheit
Das Verhalten der Mutter war von größter Ambivalenz geprägt.

66   **amorph**   /amorph/   Adjektiv
ohne feste Gestalt, ungeformt, gestaltlos
das amorphe Kunstwerk

67   **Anachronismus (m)**   /Anachronismus/   Substantiv
falsche zeitliche Einordnung, durch die Zeit überholte Einrichtung
Der Historiker empfindet diese Einordnung als Anachronismus.

68   **anachronistisch**   /anachronistisch/   Adjektiv
zeitlich falsch eingeordnet, zeitwidrig
Die historische Einordnung ist anachronistisch.

69   **analog**   /analog/   Adjektiv
ähnlich, vergleichbar, gleichartig, entsprechend, kontinuierlich, stufenlos
Die Geschichten der Komplizen verlaufen analog zueinander.

70   **anbefehlen**   /anbefehlen/   Verb
dringend anraten, ausdrücklich befehlen
Den Blauhelmen wurde traurigerweise Zurückhaltung anbefohlen, sodass die Dinge ihren Lauf nahmen.

71 ***anbequemen***   /ánbequemen/   Verb
sich mit seinem Verhalten an jemandem oder etwas orientieren,
sich danach richten
Wenn sich mehr Menschen Arbeit anbequemen würden, gälten
ganz andere Umstände.

72 ***androgyn***   /androgýn/   Adjektiv
männliche und weibliche Merkmale aufweisend
Die Person ist androgyn.

73 ***anempfinden***   /ánempfinden/   Verb
anverwandeln, nachempfinden, nachfühlen
Ich kann ihre Trauer nicht anempfinden.

74 ***anfechten***   /ánfechten/   Verb
beunruhigen, mit Sorge erfüllen
Versuchungen, Sorgen fechten sie an.

75 ***anfliegen***   /ánfliegen/   Verb
befallen, überkommen
Angst und Sehnsucht fliegen ihn an.

76 ***angelegentlich***   /ángelegentlich/   Adjektiv
eingehend, nachdrücklich, gelegentlich
Die angelegentliche Bitte, den Angriff zu unterlassen, findet
keinen Anklang.

77 ***Angesicht (n)***   /Ángesicht/   Substantiv
Gesicht, Antlitz
Der Krieger blickt dem Tod ins kalte Angesicht.

78 ***anglofon***   /anglofón/   Adjektiv
Englisch als Muttersprache sprechend
ein anglofoner Lehrer

79 ***ängstigen*** /ängstigen/ Verb
in Angst versetzen, jemandem Angst einjagen
Das Mädchen ängstigt die Dunkelheit.

80 ***anheben*** /anheben/ Verb
beginnen
Nach der Niederlage von Neuem zu sprechen anheben.

81 ***Animosität (f)*** /Animosität/ Substantiv
feindselige Einstellung oder Äußerung
Der Bericht enthält einige Animositäten gegen die auswärtigen
Sportler.

82 ***annihilieren*** /annihilieren/ Verb
vernichten, für nichtig erklären
Die Burg wurde durch die Angreifer annihiliert.

83 ***annullieren*** /annullieren/ Verb
aufheben, für ungültig erklären
Der Flug wird heute annulliert.

84 ***anreihen*** /anreihen/ Verb
sich [einer Reihe] anschließen
Ein weiterer Vorfall reiht sich an.

85 ***anschicken*** /anschicken/ Verb
anfangen, im Begriff sein
sich anschicken zu sprechen, um Gutes zu tun

86 ***Ansinnen (n)*** /Ansinnen/ Substantiv
Forderung, etwas Bestimmtes zu tun
ein freches, seltsames Ansinnen

87   **anspeien**   /ánspeien/   Verb
anspucken
Aufgrund der wahrhaftigen Aussagen wurde er angespeit.

88   **antagonistisch**   /antagonístisch/   Adjektiv
gegensätzlich, widerstreitend
Im Vorfall gibt es antagonistische Ansichten.

89   **antizipieren**   /antizipíeren/   Verb
vorwegnehmen
Der Sportler konnte die Witterungsbedingungen antizipieren und
gewann das Rennen.

90   **antizyklisch**   /antizýklisch/   Adjektiv
einem Zyklus entgegengerichtet
Die Politik ist antizyklisch, um die Konjunktur zu stabilisieren.

91   **Antlitz (n)**   /Ántlitz/   Substantiv
Gesicht
Der Prinz blickt der Prinzessin in ihr schönes Antlitz.

92   **anwandeln**   /ánwandeln/   Verb
erfassen, befallen, überkommen
Die schlechte Stimmung der Kinder wandelt sich an.

93   **apathisch**   /apáthisch/   Adjektiv
teilnahmslos, abgestumpft, gleichgültig
Im Zoo lebt ein apathisches Tier.

94   **apathisch**   /apáthisch/   Adjektiv
teilnahmslos, abgestumpft, gleichgültig
ein apathisches Tier im Zoo

95 ***Aperçu (n)*** /Apercú/   Substantiv
geistreiche, prägnant formulierte Bemerkung
Durch das Aperçu erlangte er ihre Aufmerksamkeit.

96 ***apodiktisch*** /apodíktisch/   Adjektiv
unwiderlegbar, unumstößlich, unmittelbar evident, keinen
Widerspruch duldend
Der Beweis vor Gericht ist apodiktisch.

97 ***apokalyptisch*** /apokalýptisch/   Adjektiv
auf das Ende der Welt hinweisend, die Apokalypse betreffend
Ein apokalyptischer Atomangriff wäre das Ende der Menschheit.

98 ***apokryph*** /apokrýph/   Adjektiv
unecht, zweifelhaft, ungültig
Diese Aussage halte ich für nicht fundiert und apokryph.

99 ***Apotheose (f)*** /Apotheóse/   Substantiv
Vergöttlichung eines Menschen
Die Apotheose Napoleons war von kurzer Dauer.

100 ***appellieren*** /appelliéren/   Verb
ansprechen, wachrufen, ermahnen, auffordern
an sein Mitgefühl appellieren

101 ***Applikation (f)*** /Applikatión/   Substantiv
Anwendung, Verwendung, Gebrauch
Die Applikation dieses Medikaments wird Sie heilen.

102 ***applizieren*** /appliziéren/   Verb
anwenden, verwenden, gebrauchen, befestigen, auflegen
Das Medikament auf der Haut applizieren.

103 **_apportieren_**   /apportíeren/   Verb
herbeibringen
Der Hund muss stets die Beute zum Jäger apportieren.

104 **_approximativ_**   /approximatív/   Adjektiv
ungefähr, annährend, angenähert, fast
Es handelt sich lediglich um approximative Werte.

105 **_äquivalent_**   /äquivalént/   Adjektiv
gleichwertig
Diese und jene Arbeit sind zwei äquivalente Leistungen.

106 **_arbiträr_**   /arbiträr/   Adjektiv
willkürlich, nach Ermessen, beliebig
Dieser Kampf wurde äußerst arbiträr geführt.

107 **_Arg (n)_**   /Árg/   Substantiv
Falschheit, Boshaftigkeit, Böses
Das Arg wird langfristig nichts nützen.

108 **_argusäugig_**   /árgusäugig/   Adjektiv
wachsam, scharf beobachtend
Der Hund des Schäfers ist nachts besonders argusäugig.

109 **_arkadisch_**   /arkádisch/   Adjektiv
Arkadien, die Arkadier betreffend, eigentümlich
in arkadischen Gefilden

110 **_arkan_**   /arkán/   Adjektiv
geheim, nicht zugänglich
Die arkane Stellung führte die Armee zum Sieg.

111   ***arrivieren***   /arrivíeren/   Verb
im Beruf vorwärtskommen, Erfolg haben
Das junge Talent wird schnell arrivieren.

112   ***arriviert***   /arrivíert/   Adjektiv
angesehen, etabliert
Der Professor ist eine arrivierte Persönlichkeit.

113   ***artifiziell***   /artifizíell/   Adjektiv
künstlich, gekünstelt
Die artifizielle Intelligenz ist eine Bedrohung und Chance zugleich.

114   ***artikulieren***   /artikulíeren/   Verb
aussprechen, sprechen, ausdrücken, äußern, verbalisieren
Es ist nicht immer leicht, lange Wörter zu artikulieren.

115   ***Aspekt (m)***   /Aspékt/   Substantiv
Blickwinkel, Betrachtungsweise, Gesichtspunkt
Bevor ein Gesetz verabschiedet wird, sollten möglichst viele
gesellschaftliche Aspekte begutachtet werden.

116   ***Aspirant (m)***   /Aspiránt/   Substantiv
Bewerber, Anwärter
Der Student ist ein Aspirant für den Job.

117   ***Aspiration (f)***   /Aspiratión/   Substantiv
Bestrebung, Hoffnung, ehrgeiziger Plan, Behauchung
Der Politiker hat die Aspiration, Kanzler zu werden.

118   ***assoziieren***   /assoziíeren/   Verb
etw. in Verbindung bringen, sich anschließen
Mit Schönheit könnte man Erfolg assoziieren.

119 **_ästimieren_**   /ästimíeren/   Verb
etw. würdigen, schätzen
Der Held wurde aufgrund seiner besonderen Stärke ästimiert.

120 **_atavistisch_**   /atavístisch/   Adjektiv
einem früheren, primitiveren Stadium entsprechend
Der Angreifer weist ein atavistisches Verhalten auf.

121 **_Attitüde (f)_**   /Attitúde/   Substantiv
zum Ausdruck gebrachte innere Haltung, Einstellung
in der Attitüde eines Gebildeten auftreten

122 **_attribuieren_**   /attribuíeren/   Verb
zuerkennen, eine Eigenschaft zuschreiben
Ihm wurde ein großer Ehrgeiz attribuiert.

123 **_au contraire_**   /aú contraíre/   Ausdruck
im Gegenteil
Au contraire, der Hund ist äußerst zahm.

124 **_auferlegen_**   /aúferlegen/   Verb
als Pflicht verlangen, als Verpflichtung auftragen
Dem Überbringer der Nachricht wird eine große Bürde auferlegt.

125 **_Aufschwung (m)_**   /Aúfschwung/   Substantiv
innerer Auftrieb
Die Unterstützung verleiht mir inneren Aufschwung.

126 **_augenscheinlich_**   /aúgenscheinlich/   Adjektiv
deutlich zutage tretend, offensichtlich
Augenscheinlich sind Sie doch nicht in der Lage, die Aufgabe zu
erfüllen.

127 **Aura (f)**   /Aúra/   Substantiv
besondere Ausstrahlung
Der Detektiv hat eine düstere Aura.

128 **ausatmen**   /aúsatmen/   Verb
aufhören zu leben, sterben
Der alte Mensch hat ausgeatmet.

129 **auserkoren**   /aúserkoren/   Adjektiv
auserwählt
Er ist auserkoren, das göttliche Volk in Sicherheit zu bringen.

130 **auserlesen**   /aúserlesen/   Adjektiv
sehr ausgesucht, erlesen, fein, von besonderer Güte
Das Restaurant bietet nur auserlesene Delikatessen an.

131 **ausgleiten**   /aúsgleiten/   Verb
ausrutschen, bis zum Stillstehen gleiten
In einer Bucht ließ er das Boot ausgleiten.

132 **ausharren**   /aúsharren/   Verb
an einem bestimmten Ort [trotz unangenehmer Umstände]
bleiben, verweilen
Sie müssen in der Kälte ausharren, bis Hilfe kommt.

133 **ausnehmend**   /aúsnehmend/   Adjektiv
sehr, außergewöhnlich, außerordentlich
Sie ist ausnehmend hübsch.

134 **Auspizium (n)**   /Auspízium/   Substantiv
Vorbedeutung, Aussichten für etwas
Der Krieg begann für das kleine Land unter schlechten Auspizien.

135   **ausweinen**   /aúsweinen/   Verb
durch Weinen zu lindern versuchen
Das Kind weint den Kummer aus.

136   **autark**   /autárk/   Adjektiv
unabhängig, auf niemanden angewiesen
Seine Lebensart ist vollkommen autark.

137   **authentifizieren**   /authentifizíeren/   Verb
beglaubigen, die Echtheit von etwas bezeugen
Um sich anzumelden, muss man seine Identität authentifizieren.

138   **authentisch**   /authéntisch/   Adjektiv
beglaubigt, belegt, dokumentiert, echt
eine authentische Liebeserklärung

139   **Autodidakt (m)**   /Autodidákt/   Substantiv
Person, die sich ihr Wissen ohne Hilfe einer Lehrkraft oder
Teilnahme an einem Unterricht selbst aneignet oder angeeignet hat
Sie ist eine wahre Autodidaktin.

140   **autodidaktisch**   /autodidáktisch/   Adjektiv
den Selbstunterricht betreffend
Er hat sich das Programmieren autodidaktisch angeeignet.

141   **autokratisch**   /autokrátisch/   Adjektiv
selbstherrlich, unumschränkt
Es handelt sich um eine autokratische Herrschaft.

142   **autonom**   /autonóm/   Adjektiv
selbständig, unabhängig, eigenständig
Ein autonomes System ist weniger anfällig für äußere Einflüsse.

143 **Autonomie (f)** /Autonomié/ Substantiv
Unabhängigkeit, Selbständigkeit, Willensfreiheit
Viele Menschen wünschen sich die Autonomie von Katalonien.

144 **autorisieren** /autorisiéren/ Verb
jmd. bevollmächtigen, berechtigen, die Genehmigung erteilen
Der Polizist wurde autorisiert die Demonstration zu beenden.

145 **Autosuggestion (f)** /Autosuggestión/ Substantiv
bewusste oder unbewusste Beeinflussung eigener
Verhaltensweisen sowie psychischer Funktionen ohne äußeren
Anlass
Autosuggestion kann in der Psychotherapie eingesetzt werden.

146 **Avantgarde (f)** /Avántgarde/ Substantiv
Gruppe von Vorkämpfern einer geistigen Entwicklung
Der Wissenschaftler gehört zur Avantgarde in seinem Gebiet.

147 **axial** /axiál/ Adjektiv
in der Achsenrichtung, längs der Achse,
Die Verschiebung der Werte ist axial.

148 **axillär** /axillär/ Adjektiv
die Achselhöhle betreffend, in der Achselhöhle gelegen
Der Leberfleck liegt axillär.

149 **azurn** /azúrn/ Adjektiv
himmelblau
Der Himmel ist heute besonders azurn.

150 **azyklisch** /ázyklisch/ Adjektiv
zeitlich unregelmäßig, nicht zyklisch
Manchmal ist die Menstruation azyklisch.

B

151   ***babylonisch***   /babylónisch/   Adjektiv
die Babylonier betreffend
eine babylonische Sprachverwirrung

152   ***bagatellisieren***   /bagatellisíeren/   Verb
als nicht wichtig, als unbedeutend, geringfügig ansehen, darstellen
Manche Patienten bagatellisieren ihre Verletzungen.

153   ***bahnen***   /báhnen/   Verb
einen freien Weg/Bahn schaffen
Der Arzt bahnt sich den Weg durch die Menschenmenge.

154   ***Balanceakt (m)***   /Balánceakt/   Substantiv
Vorführung, bei der jemand auf, über etwas balanciert /
schwierige Angelegenheit
Es ist ein Balanceakt, Arbeit und Familie zu vereinen.

155   ***baldigst***   /báldigst/   Adverb
so bald wie möglich, schnellstens
Ich werde es baldigst erledigen.

156   ***balsamisch***   /balsámisch/   Adjektiv
wohlriechend [und lindernd] wie Balsam
Balsamische Düfte sind sehr angenehm.

157   ***banal***   /banál/   Adjektiv
nichts Besonderes, gewöhnlich
Sie ist von der banalen Geschichte gelangweilt.

158   ***banalisieren***   /banalisíeren/   Verb
ins Banale ziehen, als unwichtig erscheinen lassen
Er banalisierte seine Straftat.

159 ***Banalität (f)*** /Banalität/ Substantiv
Allgemeinplatz, Plattheit, Platitüde, Trivialität
Der Dummkopf beschäftigt sich weitgehend mit Banalitäten.

160 ***Bankrott (m)*** /Bankrott/ Substantiv
Unfähigkeit Zahlungen zu leisten, finanzieller Ruin
Nach der Pleite musste die Bank Bankrott anmelden.

161 ***barbieren*** /barbieren/ Verb
die Barthaare entfernen, rasieren
Er lässt sich morgens barbieren.

162 ***barockisieren*** /barockisieren/ Verb
den Barockstil nachahmen, im Barockstil [nach]bauen
Die ursprünglich spätgotische Kirche wurde später barockisiert.

163 ***barometrisch*** /barometrisch/ Adjektiv
die Luftdruckmessung betreffend
Über Deutschland befindet sich derzeit ein barometrisches
Minimum.

164 ***beargwöhnen*** /beargwöhnen/ Adjektiv
gegen jemanden, etwas Argwohn haben, verdächtigen, misstrauen
Der Neuling wird von den Alten beargwöhnt.

165 ***bedachtsam*** /bedachtsam/ Adjektiv
behutsam, vorsichtig
Um Erfolg bei der Jagd zu haben, ist ein bedachtsames Vorgehen
unausweichlich.

166   ***bedauernswürdig***   /bedaúernswürdig/   Adjektiv
bedauernswert
Das angefahrene Tier befindet sich in einem bedauernswürdigen Zustand.

167   ***Bedenken tragen***   /Bedénken trágen/   Ausdruck
noch unentschlossen sein, zaudern
Vor dem Unterfangen trägt die Familie Bedenken.

168   ***bedrückend***   /bedrückend/   Adjektiv
bedrängen, beklemmen, belasten, beschweren
Auf der Beerdigung herrscht eine bedrückende Stimmung.

169   ***bedürfen***   /bedürfen/   Verb
(etwas) nötig haben, brauchen
des Trostes bedürfen

170   ***befremdlich***   /befrémdlich/   Adjektiv
Erstaunen hervorrufend, verwunderlich, seltsam
Er macht eine befremdliche Bemerkung.

171   ***Begehr (n)***   /Begéhr/   Substantiv
das Begehren, Verlangen, Wunsch
Was ist euer Begehr?

172   ***begleichen***   /begléichen/   Verb
abbezahlen, abgelten, abzahlen, zurückzahlen, zahlen
Nach der Transaktion ist der Rest der Rechnung beglichen.

173   ***beglückend***   /beglücken/   Adjektiv
glücklich machend
Die Nähe des Mannes beglückt die Katze.

174   *behagen*   /behágen/   Verb
in Behagen bereitender Weise zusagen
Die eintönige Arbeit behagte ihnen nicht.

175   *Beharrsamkeit (f)*   /Behárrsamkeit/   Substantiv
Beharrlichkeit
Mit Beharrsamkeit verfolgte er seine Geliebte.

176   *Behausung (f)*   /Behaúsung/   Substantiv
Wohnung, Unterkunft
Die Familie besitzt eine ansehnliche Behausung.

177   *bemänteln*   /bemánteln/   Verb
verharmlosen, beschönigend darstellen, verbergen
Nach dem Spiel versuchte der Sportler, seinen Aussetzer zu
bemänteln.

178   *bemäntelnd*   /bemántelnd/   Adjektiv
beschönigend, verharmlosend
Die Aussagen von Politikern in Bezug auf Staatsverbrechen sind
oft bemäntelnd.

179   *beredt*   /berédt/   Adjektiv
redegewandt, eloquent
Der Leiter hielt eine beredte Vorstellung.

180   *berückend*   /berückend/   Adjektiv
faszinierend, bezaubernd
Die Worte des Hochzeitsredners sind berückend.

181   *beschatten*   /beschátten/   Verb
jemandem, einer Sache Schatten geben
Die Königin wurde durch ihre Diener beschattet.

182   **beseelt**   /beseélt/   Adjektiv
innerlich erfüllt, eine Seele besitzend
Das Kind ist von Glück beseelt.

183   **Beseligung (f)**   /Beséligung/   Substantiv
Zufriedenheit
Sie war voller Beseligung.

184   **betagt**   /betágt/   Adjektiv
alt, älter, ein gewisses Alter habend
In Seniorenheimen lebende Menschen sind meistens sehr betagt.

185   **betören**   /betören/   Verb
hinreißen, berücken, in sich verliebt machen, jmd zu etwas
verführen
Er ließ sich nicht so leicht von ihren Blicken betören.

186   **betörend**   /betörend/   Adjektiv
bezaubernd, faszinierend
Die Stimme der Sängerin ist betörend.

187   **Betrübnis (n)**   /Betrübnis/   Substantiv
Depression, Gram, Kummer
Welch ein Betrübnis bringt dieses Schicksal über uns.

188   **biblioman**   /bibliomán/   Adjektiv
krankhaft Bücher liebend
Er hat eine gebildete und bibliomane Persönlichkeit.

189   **bigott**   /bigótt/   Adjektiv
engherzig fromm, frömmelnd, scheinheilig
Prediger sind oftmals sehr bigott.

190   **_bilateral_**   /bilateral/   Adjektiv
zweiseitig, von zwei Seiten ausgehend, zwei Seiten betreffend
Auf dem Gipfel wird ein bilaterales Abkommen geschlossen.

191   **_bisweilen_**   /bisweilen/   Adverb
manchmal
Bisweilen nascht das dicke Kind Kuchen.

192   **_Blasphemie (f)_**   /Blasphemie/   Substantiv
verletzende, höhnende oder herabwürdige Äußerung über etwas
Göttliches oder Heiliges
Er wurde für die Blasphemie gegenüber Gott angeklagt.

193   **_blasphemisch_**   /blasphemisch/   Adjektiv
gotteslästerlich, sakrilegisch, verhöhnend
Die blasphemische Äußerung war seine Letzte.

194   **_Blutzoll (m)_**   /Blutzoll/   Substantiv
Anzahl von Menschen, die im Zusammenhang mit etwas ihr
Leben verlieren
In Stalingrad musste die Wehrmacht einen erheblichen Blutzoll
leisten.

195   **_brachial_**   /brachial/   Adjektiv
handgreiflich, mit roher Körperkraft
Mit brachialer Gewalt gelingt es der Feuerwehr, das Haus zu
betreten.

196   **_bramarbasieren_**   /bramarbasieren/   Verb
prahlen, aufschneiden
Erfolgreiche Spieler neigen dazu, mit ihrem Erfolg zu
bramarbasieren.

197   **_Bredouille (f)_**   /Brédouille/   Substantiv
Verlegenheit, Bedrängnis
Ihre Annährungen bringen mich in die Bredouille.

198   **_Buhle (m)_**   /Búhle/   Substantiv
Geliebter
Ihr Buhle wusste es sie zu bezaubern.

_C_

199   **_Canvassing (n)_**   /Cánvassing/   Substantiv
das Von-Haus-zu-Haus-Gehen von [prominenten] Politikern im Wahlkampf
Hillary Clintons Canvassing hatte keinen Erfolg.

200   **_cäsarisch_**   /cäsárisch/   Adjektiv
kaiserlich, selbstherrlich
Der Abteilungsleiter hat ein cäsarisches Selbstbewusstsein.

201   **_chiffrieren_**   /chiffriéren/   Verb
codieren, verschlüsseln
Der Text wurde chiffriert, um das Geheimnis zu wahren.

202   **_cholerisch_**   /cholérisch/   Adjektiv
leicht reizbar, aufbrausend, explosiv, hitzig, hysterisch, jähzornig
Das cholerische Verhalten kostet ihn letztendlich seine Freiheit.

203   **_Contenance (f)_**   /Contenánce/   Substantiv
Fassung, Haltung
In schwierigen Zeiten ist das Wahren der Contenance elementar.

204   ***Corpus Delicti (n)***   /Córpus Delícti/   Substantiv
Gegenstand, mit dem eine Straftat begangen worden ist, der dem
Gericht als Beweisstück dient
Der Staatsanwalt legt das Corpus Delicti vor.

Crème de la
205   ***Crème (f)***   /Crème de lá Crème/   Substantiv
Gesamtheit der höchsten Vertreter der gesellschaftlichen
Oberschicht
Die Crème de la Crème traf sich, um die Zukunft zu bestimmen.

D

206   ***d'accord***   /d'áccord/   Ausdruck
einer Meinung, einig, einverstanden
Mit diesem Angebot ist der Verhandlungspartner d'accord.

207   ***damasten***   /damásten/   Adjektiv
aus Damast bestehend
Sie trugen damaste Tischdecken auf.

208   ***Dämmer (m)***   /Dämmer/   Substantiv
Dämmerlicht, Halbdunkel
Der Angriff startete im Dämmer.

209   ***darben***   /dárben/   Verb
Mangel leiden, hungern, in Armut leben
Viele Kinder in der Wüste darben zeitlebens.

210   ***Dasein (n)***   /Dásein/   Substantiv
Vorhandensein, Bestehen, menschliche Existenz
Selbst wenn ich es könnte, wollte ich diese Zeit nicht auslöschen
aus meinem Dasein.

211   ***Dedikation (f)***   /Dedikatión/   Substantiv
Stiftung, Widmung, Zuneigung
Die Arbeit beginnt mit einer Dedikation des Doktoranden.

212   ***Defätismus (m)***   /Defaitísmus/   Substantiv
durch die Überzeugung, keine Aussicht auf Erfolg zu haben, und
durch eine daraus resultierende starke Neigung zum Aufgeben
gekennzeichnete Haltung
Unter den Soldaten breitet sich Defätismus aus.

213   ***Defilee (n)***   /Defilée/   Substantiv
parademäßiger Vorbeimarsch/ das feierliche Vorüberziehen,
besonders an einer hochgestellten Persönlichkeit
Das Defilee der Soldaten wurde vom Präsidenten sehr genossen.

214   ***Degout (m)***   /Degoút/   Substantiv
Ekel, Widerwille, Abneigung
einen Degout vor etwas haben

215   ***degoutant***   /degutánt/   Adjektiv
ekelerregend, widerlich, abstoßend
Der degoutante Witz erregte die Öffentlichkeit.

216   ***dekadent***   /dekadént/   Adjektiv
abgelebt, degeneriert, verfallen, morbid, entartet
Das dekadente Verhalten des Erben führte schließlich zu seiner
Verarmung.

217   ***Dekadenz (f)***   /Dekadénz/   Substantiv
Zustand, der als durch Überfeinerung in Lebensgewohnheiten und
Ansprüchen entstandener Verfall angesehen wird
Römische Dekadenz bedingte den Untergang einer Zivilisation.

218 *delegieren*   /delegíeren/   Verb
(jemandem) eine Aufgabe, Befugnis übertragen
Der Leiter delegiert alle Aufgaben.

219 *delektieren*   /delektíeren/   Verb
erfreuen, ergötzen, laben, gütlich tun
Die Tänzerin delektierte die Gäste mit einer außerordentlichen
Darstellung.

220 *delikat*   /delikát/   Adjektiv
wohlschmeckend, köstlich, fein zubereitet, exquisit, fein, lecker,
schmackhaft, vorzüglich, wohlschmeckend
Dieses Restaurant bietet äußerst delikate Desserts.

221 *delinquent*   /delinquént/   Adjektiv
straffällig, verbrecherisch
Der Bandit hat ein delinquentes Verhalten.

222 *deliziös*   /deliziös/   Adjektiv
köstlich, wohlschmeckend
Die Torte war deliziös.

223 *Demagoge (m)*   /Demagóge/   Substantiv
Person, die andere durch leidenschaftliche Reden politisch
aufhetzt
Die Demagogen verhetzen das Volk.

224 *den Tod finden*   /den Tód finden/   Ausdruck
sterben, zu Tode kommen, umkommen
Auf der Reise fand er den Tod.

225 *derangieren*   /derangiéren/   Verb
stören, durcheinanderbringen, verwirren
Der zu spät gekommene Schüler derangierte den Unterricht.

226 **Dermatologie (f)**   /Dermatologié/   Substantiv
wissenschaftliche Erforschung der Hautkrankheiten
Die Dermatologie ist ein interessantes Fachgebiet.

227 **desavouieren**   /desavouiéren/   Verb
nicht anerkennen, blamieren, bloßstellen, kompromittieren,
vorführen, abstreiten
Staatsfeindliche Elemente desavouieren viele Gesetze.

228 **Desiderat (n)**   /Desiderát/   Substantiv
etwas was fehlt, was nötig gebraucht wird, etw. Erwünschtes
ein Desiderat zur Lösung des wissenschaftlichen Problems

229 **designieren**   /designiéren/   Verb
vorsehen, bezeichnen, bestimmen
Dieser Schüler ist zum Schulsprecher designiert.

230 **designiert**   /designiért/   Adjektiv
für etwas (Aufgabe, Amt) vorgesehen
Der designierte Präsident regiert das Land.

231 **desillusionieren**   /desillusioniéren/   Verb
enttäuschen, ernüchtern, frusten
Der Realist desillusioniert die Träume des Träumers.

232 **deskriptiv**   /deskriptív/   Adjektiv
sachlich darstellend, beschreibend
die Geschichte deskriptiv darstelle

233 **desolat**   /desolát/   Adjektiv
trostlos, traurig, miserabel
Die Behausung befindet sich in einem desolaten Zustand.

234 *despektierlich*   /despektíerlich/   Adjektiv
den nötigen Respekt missen lassen
Die despektierliche Geste kann zu einer Eskalation der Situation führen.

235 *destruktiv*   /destruktív/   Adjektiv
zerstörend, zum Zerfall führend, zersetzend
Ein destruktiver Gedanke kann schlimme Folgen haben.

236 *determinieren*   /determiniéren/   Verb
feststellen, bestimmen, definieren, festlegen
Heutige Entscheidungen determinieren den Verlauf der Zukunft.

237 *Dezenz (f)*   /Dezénz/   Substantiv
Takt, Feingefühl, Zurückhaltung, Unaufdringlichkeit, Unauffälligkeit
Seine Dezenz ist die Ursache seiner Beliebtheit.

238 *dezidieren*   /dezidiéren/   Verb
entscheiden, bestimmen
Der Diktator dezidiert über das Schicksal vieler Menschen.

239 *diabolisch*   /diabólisch/   Adjektiv
teuflisch, boshaft, böse, grausam, gemein
Der diabolische Streich führte zu einigen Verletzten.

240 *dialektisch*   /dialéktisch/   Adjektiv
spitzfindig, haarspalterisch
Der Lehrer argumentiert äußerst dialektisch.

241 **diametral** /diamétral/ Adjektiv
entgegengesetzt, gegenüberliegend, gegensätzlich, unvereinbar, konträr
Beide Kontrahenten haben diametrale Ansichten zu diesem Thema.

242 **Diaspora (f)** /Diáspora/ Substantiv
Gebiet, in dem eine konfessionelle oder nationale Minderheit lebt
Sie leben in der Diaspora.

die Hülle und
243 **Fülle** /die Hülle und Fülle/ Ausdruck
im Überfluss, in großer Menge
Sie haben Geld in Hülle und Fülle.

244 **diffamieren** /diffamíeren/ Verb
verleumden, in einen schlechten Ruf bringen
Jesus wurde von Judas diffamiert.

245 **Diffamierung (f)** /Diffamíerung/ Substantiv
Abwertung, Herabsetzung, Herabwürdigung
Die öffentliche Diffamierung von Kriminellen kann zu Lynchjustiz führen.

246 **differenzieren** /differenzíeren/ Verb
abheben, auseinanderhalten, trennen, unterscheiden
Die Feinheiten müssen differenziert werden, um den vollen Wert des Kunstwerkes zu erfassen.

247 **differenziert** /differenzíert/ Adjektiv
fein abgestuft, nuanciert
Die Wissenschaftler benutzt viele differenzierte Methoden.

248   ***diffizil***   /diffizíl/   Adjektiv
kompliziert, nicht einfach, schwierig
eine diffizile Fragestellung

249   ***diffus***   /diffús/   Adjektiv
zerstreut, dumpf, konturlos, nebelhaft, verschwommen
Das diffuse Gerede des Alkoholikers erschwerte seine
Behandlung.

250   ***Dilettant (m)***   /Dilettánt/   Substantiv
Laie, Stümper, Amateur
Diese Reparatur ist das Werk eines Dilettanten.

251   ***Direktive (f)***   /Direktíve/   Substantiv
Anordnung, Befehl, Bestimmung, Instruktion, Leitlinie
Die Direktive lautet, so viele Tierarten wie möglich zu retten.

252   ***diskreditieren***   /diskreditíeren/   Verb
etwas in Verruf bringen, jemandes Ruf oder Ansehen schaden,
abträglich sein
Der Politiker wurde durch seine Affäre diskreditiert.

253   ***Diskrepanz (f)***   /Diskrepánz/   Substantiv
Missverhältnis
Es gibt eine Diskrepanz zwischen den Aussagen und Handlungen
dieser Person.

254   ***diskutabel***   /diskutábel/   Adjektiv
erörterungswert, annehmbar
Ein diskutabler Vorschlag wurde unterbreitet.

255   ***Diskutant (m)***   /Diskutánt/   Substantiv
jemand, der sich aktiv an einer Diskussion beteiligt
Diese Diskutanten werden sich nie einig.

256 **Diskutantin (f)**   /Diskutántin/   Substantiv
jemand, der sich aktiv an einer Diskussion beteiligt
Diese Diskutantinnen werden sich nie einig.

257 **disparat**   /disparát/   Adjektiv
ungleichartig, nicht zueinanderpassend
Menschen disparater Herkunft

258 **dispensieren**   /dispensíeren/   Verb
freistellen, entbinden
Nach dem Korruptionsvorwurf wird der Polizist von seinem
Dienst dispensiert.

259 **disponibel**   /disponíbel/   Adjektiv
verfügbar
Ich bin jederzeit für Sie disponibel.

260 **Disput (m)**   /Dispút/   Substantiv
kontroverses Gespräch, Streitgespräch
Die Nachbarn führen einen endlosen Disput über die
Grundstücksgrenze.

261 **Dissens (m)**   /Disséns/   Substantiv
Meinungsverschiedenheit in bestimmter Angelegenheit/
Unstimmigkeit/ Uneinigkeit
Über die Zukunft der Gesellschaft herrscht allgemeiner Dissens.

262 **dissident**   /dissidént/   Adjektiv
oppositionell, von einer verbreiteten Meinung abweichend
Der Freiheitskämpfer hat eine dissidente Haltung gegenüber der
Regierung.

263   ***dissolut***   /dissólut/   Adjektiv
zügellos, haltlos
Die dissolute Behauptung kann schnell entkräftet werden.

264   ***dissonant***   /dissonánt/   Adjektiv
unstimmig, unschön
Eine dissonante Musik führt selten zu Popularität.

265   ***distinguieren***   /distinguiéren/   Verb
unterscheiden, in besonderer Weise abheben
Dieser Geschmack distinguiert die Delikatessen voneinander.

266   ***distinguiert***   /distinguiért/   Adjektiv
aristokratisch, hochkultiviert, hochvornehm, kultiviert, vornehm
In einigen Kreisen wird ein distinguiertes Auftreten erwartet.

267   ***distinkt***   /distínkt/   Adjektiv
klar und deutlich [abgegrenzt]
Etwas unterscheidet sich in distinkter Weise.

268   ***Distinktion (f)***   /Distinktión/   Substantiv
Unterscheidung, Wertschätzung, Abhebung
Für eine klare Definition ist eine faktische Distinktion unerlässlich.

269   ***distinktiv***   /distinktív/   Adjektiv
unterscheidend
Dieses distinktive Merkmal ermöglicht eine Identifikation dieser
Tierart.

270   ***disziplinieren***   /diszipliniéren/   Verb
maßregeln, an Disziplin gewöhnen, erziehen
Aufgrund des Verbrechens wurde er mit einer Strafe diszipliniert.

271 ***dithyrambisch***   /dithyrámbisch/   Adjektiv
überschwänglich, begeistert
Das dithyrambische Auftreten der Tänzerin verunsicherte das Publikum.

272 ***divergent***   /divergént/   Adjektiv
entgegengesetzt, auseinanderstrebend
Die Straßen verlaufen divergent.

273 ***Diversität (f)***   /Diversität/   Substantiv
Vielfältigkeit, Vielfalt
Kulturelle Diversität wird in einigen Gesellschaften angestrebt.

274 ***divinatorisch***   /divinatórisch/   Adjektiv
die Fähigkeit der Divination besitzend
ein divinatorischer Gelehrter

275 ***Doktrinär (m)***   /Doktrinär/   Substantiv
Verfechter, Vertreter einer Doktrin
Die Doktrinäre beeinflussten die Politik.

276 ***Dolmetsch (m)***   /Dólmetsch/   Substantiv
jemand, der stellvertretend für andere einer Sache Ausdruck gibt
der Dolmetsch der Armen

277 ***dolorös***   /dolorös/   Adjektiv
schmerzhaft, schmerzerfüllt
eine doloröse Erkrankung

278 ***domestizieren***   /domestizíeren/   Verb
sich bändigen, bezähmen
Einige Tiere lassen sich leichter als andere domestizieren.

279   ***Dornenweg (m)***   /Dórnenweg/   Substantiv
Leidensweg, durch Schwierigkeiten und Mühsal gekennzeichneter
Prozess
Zum Erfolg ist es ein langer Dornenweg.

280   ***Dotation (f)***   /Dotatión/   Substantiv
Schenkung, Zuwendung von Geld oder anderen
Vermögenswerten
Für die Leistung gab es eine umfangreiche Dotation.

281   ***dualistisch***   /dualístisch/   Adjektiv
zwiespältig, gegensätzlich
Das Liebespaar hat ein dualistisches Verhältnis.

282   ***Duktus (m)***   /Dúktus/   Substantiv
Ausdruck, Stil, Manier, Charakter
Man erkennt am Duktus, wer der Autor dieses Textes ist.

283   ***dünkelhaft***   /dünkelhaft/   Adjektiv
eingebildet, hochmütig
Sie hat ein dünkelhaftes Auftreten.

284   ***düpieren***   /düpiéren/   Verb
täuschen, überlisten, jemanden vor den Kopf stoßen
Ihr anfängliches Verhalten hat den Mann düpiert.

285   ***duplizieren***   /duplizíeren/   Verb
verdoppeln, kopieren
Viele Anleger versuchen, schnellstmöglich ihr Vermögen zu
duplizieren.

286   ***durabel***   /durábel/   Adjektiv
dauerhaft, haltbar
eine durable Lösung für dieses Problem

287   ***durchschneiden***   /durchschnéiden/   Verb
in einer scharfen Linie eine Fläche, einen Raum durchqueren
Das Schiff durchschneidet die ruhige See.

288   ***dürsten***   /dürsten/   Verb
heftiges Verlangen nach etwas haben
Den Ritter dürstet es nach Rache.

289   ***Düsternis (f)***   /Düsternis/   Substantiv
Dunkel, Düsterheit
Sie wandelten durch die Düsternis.

E

290   ***echauffieren***   /echauffiéren/   Verb
durch Aufregung erhitzen, sich aufregen, sich ärgern, aus der
Fassung geraten
Es ist nicht sinnvoll, sich über Kleinigkeiten zu echauffieren.

291   ***Edelmut (m)***   /Édelmut/   Substantiv
edle Gesinnung
Durch diese Geste zeigte die Prinzessin ihren Edelmut.

292   ***edelmütig***   /édelmütig/   Adjektiv
von Edelmut bestimmt
ein edelmütiger Ritter

293   ***effektiv***   /effektív/   Adjektiv
wirksam
ein effektiver Schutz für die Natur

294   ***effizient***   /effiziént/   Adjektiv
viel Leistung in Relation zum Aufwand zu erbringen
eine effiziente Methode, um den Stoff zu gewinnen

295   **_effizieren_**   /effizíeren/   Verb
hervorrufen, bewirken
eine positive Reaktion effizieren

296   **_egalitär_**   /egalitär/   Adjektiv
auf politische, soziale Gleichheit gerichtet
die egalitäre Massengesellschaft

297   **_egoman_**   /egomán/   Adjektiv
krankhaft auf die eigene Person bezogen
Der Mann, der nur auf sich achtet, ist egoman.

298   **_Egotismus (m)_**   /Egotísmus/   Substantiv
[übertriebene] Neigung, sich selbst in den Vordergrund zu stellen
Das Verhalten zeugte von Egotismus.

299   **_Egozentriker (m)_**   /Egozéntriker/   Substantiv
Person, die sich selbst als Zentrum allen Geschehens betrachtend
Ein Egozentriker ist oft sehr einsam.

300   **_egozentrisch_**   /egozéntrisch/   Adjektiv
egoman, eigennützig, ich-bezogen, selbstbezogen, selbstsüchtig
Ein egozentrisches Verhalten kann zu Verlust von Popularität
führen.

301   **_eidetisch_**   /eidétisch/   Adjektiv
anschaulich, bildhaft
Eine eidetische Projektion wurde erstellt.

302   **_Eigen (n)_**   /Eígen/   Substantiv
Eigentum, Besitz
Dieses Grundstück ist mein Eigen.

303   ***eilfertig***   /eilfertig/   Adjektiv
vorschnell, dienstbeflissen
Eine eilfertige Entscheidung kann zu Unglück führen.

304   ***einbegreifen***   /einbegreifen/   Verb
einbeziehen, einschließen
Die Moralvorstellung begreift Gerechtigkeit mit ein.

305   ***einhellig***   /einhellig/   Adjektiv
von allen ausnahmslos vertreten, in allen Punkten
übereinstimmend
Die Entscheidung erhält eine einhellige Zustimmung.

306   ***einmütig***   /einmütig/   Adjektiv
einhellig, völlig übereinstimmend, einer Meinung, eines Sinnes
einmütige Zustimmung

307   ***einstmals***   /einstmals/   Adverb
früher [einmal], vor langer Zeit
Einstmals gab es wilde Pferde in dieser Gegend.

308   ***einstweilen***   /einstweilen/   Adverb
fürs Erste, zunächst einmal
Es bleibt uns einstweilen nichts anderes übrig, als abzuwarten.

309   ***Ekel (m)***   /Ekel/   Substantiv
Abscheu, Widerwille, Abneigung, Antipathie, Degout
Der Anblick erfüllte die Gruppe mit Ekel.

310   ***eklatant***   /eklatant/   Adjektiv
ins Auge springend, offensichtlich, auffällig, sensationell,
aufsehenerregend
Zwischen den beiden Autos gibt es eklatante Unterschiede.

311   ***eklektisch***   /ekléktisch/   Adjektiv

auf Art des Eklektikers, verfahrend, unschöpferisch, nur Dinge anderer verwendend

Er malt ein eklektisches Kunstwerk.

312   ***Ekstase (f)***   /Ekstáse/   Substantiv

rauschhafter, tranceartiger Zustand

Das Publikum tanzte in Ekstase.

313   ***Ekstatik (f)***   /Ekstátik/   Substantiv

Ausdruck[sform] der Ekstase

Sie zeigten ihre Ekstatik öffentlich.

314   ***elaboriert***   /elaboríert/   Adjektiv

differenziert ausgebildet, von hohem Niveau, hoch entwickelt

Diese App soll Ihnen eine elaborierte Ausdrucksfähigkeit vermitteln.

315   ***Elan (m)***   /Elán/   Substantiv

innerer Schwung, Begeisterung

Die Krankenschwester zeigt bei ihrer Arbeit viel Elan.

316   ***elanvoll***   /elánvoll/   Adjektiv

mit Schwung und Begeisterung

Sie ging elanvoll an die Arbeit.

317   ***elektiv***   /elektív/   Adjektiv

[aus]wählend

Der Patient unterzieht sich einem elektiven Eingriff.

318   ***elitär***   /elitär/   Adjektiv

ausgesucht, ausgewählt, auserwählt, arrogant, blasiert, anmaßend

Dieser elitäre Zirkel entscheidet über die Zukunft der Partei.

319   *Eloge (f)*   /Elóge/   Substantiv
überschwängliches Lob, Lobrede
Er hielt für seine ehemalige Lehrer eine Eloge.

320   *eloquent*   /eloquént/   Adjektiv
beredt, wortreich und ausdrucksvoll
Der Direktor hielt eine eloquente Rede.

321   *emblematisch*   /emblemátisch/   Adjektiv
sinnbildlich
Diese neuen Aquarelle sind sehr emblematisch, sie bündeln eine
Geschichte.

322   *eminent*   /eminént/   Adverb
sehr, außerordentlich, äußerst
Er ist ein eminent gefährlicher Gegner.

323   *emporkommen*   /empórkommen/   Verb
nach oben, in die Höhe kommen, aufrücken, aufsteigen
Er will in seiner Karriere schnell emporkommen.

324   *Enigma (n)*   /Enígma/   Substantiv
Rätsel
Dieses Enigma lässt sich nur mit einem hohen Intellekt lösen.

325   *entbehren*   /entbéhren/   Verb
ohne etwas sein, einer Sache ermangeln
Ich kann mein Auto nicht länger entbehren.

326   *entfliehen*   /entflíehen/   Verb
die Flucht ergreifen, sich fliehend entfernen
Der Gefangene kann seinen Wächtern nicht entfliehen.

327   ***Entrepreneur (m)***   /Éntrepreneur/   Substantiv
Unternehmer, Firmengründer, Gründer
Jedes Unternehmen hat mit einem ehrgeizigen Entrepreneur angefangen.

328   ***entrinnen***   /entrínnen/   Verb
mit knapper Not einer Bedrohung entgehen
Er konnte dem Tod knapp entrinnen.

329   ***entschlagen***   /entschlágen/   Verb
sich innerlich von etwas frei machen
sich einer Furcht, einer Sorge entschlagen

330   ***entschwinden***   /entschwínden/   Verb
zu jemandes Bedauern vergehen
Die Zeit entschwindet wie im Flug.

331   ***entströmen***   /entströmen/   Verb
aus etwas in Strömen herauskommen
Der Küche entströmte ein geschmackserregender Geruch.

332   ***entwenden***   /entwénden/   Verb
abnehmen, rauben, stehlen, wegnehmen
Geld wird häufig von Dieben entwendet.

333   ***Entzücken (n)***   /Entzücken/   Substantiv
Begeisterung, Freude, freudige Zustimmung
Sie hat Entzücken an den Blumen.

334   ***ephemer***   /ephemér/   Adjektiv
nur kurz bestehend, flüchtig, kurzlebig
ein ephemer Glückszustand

335   *epigonal*   /epigonál/   Adjektiv
unschöpferisch, nachahmend
Sie fertigten epigonale Duplikate.

336   *Epiphanie (f)*   /Epiphanié/   Substantiv
Erscheinung einer Gottheit (besonders Christi) unter den
Menschen
In einer Ode, die Horaz zu dieser Zeit abfasste, wurde die
Heimkehr des Augustus wie die Epiphanie eines Gottes
geschildert.

337   *Epitaph (n)*   /Epitáph/   Substantiv
Grabinschrift, Gedenktafel mit einer Inschrift
Auf dem Epitaph stehen viele Fakten zu seiner Person.

338   *epochal*   /epochál/   Adjektiv
in die Zukunft wirkend, außergewöhnlich, außerordentlich
Der Buchdruck ist eine epochale Erfindung, die bis heute wichtig
ist.

339   *Erdenbürger (m)*   /Érdenbürger/   Substantiv
Mensch, Erdbewohner
Das Neugeborene ist ein kleiner, neuer Erdenbürger.

340   *Eremit (m)*   /Eremít/   Substantiv
Anachoret, Einsiedler, Klausner
Sie entschieden sich, wie Eremiten zu leben.

341   *erfrechen*   /erfréchen/   Verb
sich erdreistend, herausnehmend
Ich habe mich nur erfrecht, die Wahrheit zu sagen.

342   ***ergötzlich***   /ergötzlich/   Adjektiv
vergnüglich, Vergnügen bereitend
Eine ergötzliche Erzählung bereitete ihnen Freude.

343   ***Ergötzlichkeit (f)***   /Ergötzlichkeiten/   Substantiv
Spaß, Vergnügen
Auf dem Fest gab es allerlei Ergötzlichkeiten.

344   ***erklecklich***   /erklecklich/   Adjektiv
beträchtlich, beachtlich, ziemlich groß
Die Tante vermachte ihm eine erkleckliche Summe.

345   ***erkühnen***   /erkühnen/   Verb
kühn wagen, etwas zu sagen oder zu tun
Was erkühnen Sie sich?

346   ***Erotomanie (f)***   /Erotomanie/   Substantiv
übersteigertes sexuelles Verlangen
Der Anblick erweckte eine Erotomanie in ihr.

347   ***erquicklich***   /erquicklich/   Adjektiv
angenehm, anregend, aufmunternd, belebend, erfreulich
Dieser junge Bursche hat erquickliche Aussichten auf ein gutes
Leben.

348   ***erratisch***   /erratisch/   Adjektiv
im Schlingerkurs befindlich, abirrend, nicht stringent
Ein erratisches Verhalten an den Tag legen.

349   ***ersprießlich***   /ersprießlich/   Adjektiv
nutzbringend, fruchtbar
Durch ihren Kopf fließen ersprießliche Gedanken.

350   ***ersterben***   /erstérben/   Verb
allmählich aufhören
Das kleine Lächeln erstarb auf ihren Lippen.

351   ***eskapistisch***   /eskapístisch/   Adjektiv
von der Realität ausweichen
Aufgrund der Gewalt entwickelte das Kind eskapistische
Gedanken.

352   ***Esprit (m)***   /Esprít/   Substantiv
Geist, Scharfsinn, Schlagfertigkeit, Witz
Ihr außerordentlicher Esprit brachte ihr großen Erfolg auf der
Bühne.

353   ***Euphemismus (m)***   /Euphemísmus/   Substantiv
positive Umschreibung, Beschönigung
Geistige Umnachtung ist ein Euphemismus für Verrücktheit.

354   ***euphemistisch***   /euphemístisch/   Adjektiv
verhüllend, beschönigend
Die Niederlage wurde von den Beratern euphemistisch dargestellt.

355   ***Euphorie (f)***   /Euphorié/   Substantiv
zeitweilige übersteigert heitere und zuversichtliche
[Gemüts]stimmung, Hochstimmung, Zustand optimistischer
Begeisterung
Die Menge verfiel in Euphorie.

356   ***evaluieren***   /evaluiéren/   Verb
beurteilen, bewerten
Die Leistungen der Schüler wurden gerecht evaluiert.

357   ***evident***   /evидént/   Adjektiv
einleuchtend, einsichtig, klar, nachvollziehbar, augenfällig,
offenkundig, überzeugend
Es ist evident, dass dies eine dumme Idee ist.

358   ***evozieren***   /evoziéren/   Verb
hervorrufen, bewirken
Die Reaktion wurde durch eine Provokation evoziert.

359   ***exaltieren***   /exaltiéren/   Verb
sich künstlich aufregen, in übertriebener Weise aufregen, ereifern
Sich über etwas moralisch exaltieren.

360   ***exhaustiv***   /exhaustív/   Adjektiv
erschöpfend, vollständig
Sportliche Aktivitäten fordern exhaustive Anstrengung.

361   ***exilieren***   /exiliéren/   Verb
jemanden ins Exil schicken
Der König wurde nach der Revolution exiliert.

362   ***Exodus (m)***   /Éxodus/   Substantiv
Auszug (einer Gesamtheit)
der Exodus der deutschen Bevölkerung aus der DDR

363   ***exorbitant***   /exorbitánt/   Adjektiv
ungeheuer, enorm, gewaltig, außerordentlich
Der Kölner Dom ist ein exorbitantes Bauwerk.

364   ***Expletiv (n)***   /Expletív/   Substantiv
für den Sinn des Satzes entbehrliches Wort, Gesprächspartikel
Dieses Wort ist ein Expletiv.

365 ***explizieren***   /explizíeren/   Verb
erklären, näher erläutern, darlegen, auseinandersetzen
Die Angelegenheit wurde den Schülern genauestens expliziert.

366 ***explizit***   /explizít/   Adjektiv
ausdrücklich, deutlich, klar, unmissverständlich, eindeutig
Vor der Operation wurden ihm die Risiken explizit dargelegt.

367 ***exploratorisch***   /exploratórisch/   Adjektiv
ausforschend, erkundend
Kolumbus führte eine exploratorische Reise durch.

368 ***expressiv***   /expressív/   Adjektiv
ausdrucksvoll, ausdrucksstark
Der Tänzer vollzog eine expressive Gebärde.

369 ***extrahieren***   /extrahíeren/   Verb
[her]ausziehen
Der Zahn muss extrahiert werden.

370 ***exzellieren***   /exzellíeren/   Verb
hervorragen, glänzen
als Schüler in allen Fächern exzellieren

371 ***exzentrisch***   /exzéntrisch/   Adjektiv
übertrieben ungewöhnlich, außerhalb des Zentrums, von der
Norm abweichend
Der Professor hat eine exzentrische Persönlichkeit.

372 ***exzeptionell***   /exzeptionéll/   Adjektiv
außergewöhnlich
Das Kind hat eine exzeptionelle Gabe für Mathematik.

F

373   **Faible (n)**   /Fáible/   Substantiv
Vorliebe, Schwäche, Neigung, Hang
Der Künstler hat ein Faible für beruhigende Musik.

374   **Faksimile (n)**   /Faksímile/   Substantiv
Nachbildung, Nachdruck, Vervielfältigung, Wiedergabe,
Reproduktion, Kopie
Dieses fremde Produkt ist ein Faksimile des Originals.

375   **faktitiv**   /faktitiv/   Adjektiv
bewirkend
Eine faktitive Handlung führte zum Ende des Krieges.

376   **Faktizität (f)**   /Faktizität/   Substantiv
Wirklichkeit, Tatsächlichkeit, Gegebenheit
Man muss die Faktizität akzeptieren.

377   **Faktum (n)**   /Fáktum/   Substantiv
etwas, was tatsächlich, nachweisbar vorhanden, geschehen ist
Die Erderwärmung ist ein Faktum.

378   **Fakultas (f)**   /Fakúltas/   Substantiv
wissenschaftliche Lehrbefähigung in einem bestimmten Fach
Der ehemalige Student ist nun Studienrat mit der Fakultas für
Geschichte.

379   **fakultativ**   /fakultatív/   Adjektiv
der freien Wahl überlassen
Der Besuch des Seminars erfolgt fakultativ.

380   **Falsifikat (n)**   /Falsifikát/   Substantiv
Fälschung
Bei diesem Gemälde handelt es sich um ein Falsifikat.

381 **_falsifizieren_**   /falsifizíeren/   Verb
empirisch widerlegen, verfälschen
Die Nullhypothese konnte durch die Arbeit falsifiziert werden.

382 **_Falstaff (m)_**   /Fálstaff/   Substantiv
Schlemmer, Prahlhans, Genießer
Dieser Angeber ist ein Falstaff.

383 **_Fama (f)_**   /Fáma/   Substantiv
Geschichte, die gerüchtweise über jemanden, etwas verbreitet wird
Es gibt die Fama, dass er sich ins Ausland abgesetzt hat.

384 **_Fantastik (f)_**   /Fantástik/   Substantiv
das Fantastische, Wirklichkeitsfremde, Unwirkliche
Die Fantastik reizt viele junge Leser.

385 **_fatalistisch_**   /fatalístisch/   Adjektiv
von Fatalismus zeugend, davon geprägt, bestimmt
Sie trugen fatalistische Gedanken in sich.

386 **_Fatum (n)_**   /Fátum/   Substantiv
dem Menschen bestimmtes Schicksal, Geschick, Verhängnis
Das unausweichliche Fatum erwartete die Gruppe.

387 **_faustisch_**   /faústisch/   Adjektiv
stets nach neuem Erleben und Wissen, nach immer tieferen
Erkenntnissen strebend und nie befriedigt
Er ist ein faustischer Student.

388 **_Fauxpas (m)_**   /Faupáx/   Substantiv
Entgleisung, Fehler, Indiskretion, Taktlosigkeit,
Ungeschicklichkeit
Bei der Arbeit ist ihm ein Fauxpas unterlaufen.

389   *fehlgehen*   /féhlgehen/   Verb
abdriften, abkommen, abweichen, sich irren, sich täuschen
Der erste Schuss auf das Wild ging fehl.

390   *Fehltritt (m)*   /Féhltritt/   Substantiv
Vergehen, Verfehlung, Verstoß gegen ein Gebot
Der Polizist leistete sich einen gewaltigen Fehltritt.

391   *fettleibig*   /féttleibig/   Adjektiv
sehr dick, adipös, beleibt, breit, korpulent
Der fettleibige Körper erschwert die Fortbewegung.

392   *fiat*   /fíat/   Ausdruck
es geschehe
fiat

393   *figurativ*   /figuratív/   Adjektiv
abgebildet, in bildlichem, übertrageben Sinne, abgebildet
Der Lehrer gibt eine figurative Erklärung.

394   *fiktiv*   /fiktív/   Adjektiv
nur angenommen, erdacht, erdichtet, ausgedacht
Eine fiktive Person aus einem Buch kann durchaus real
erscheinen.

395   *filigran*   /filigrán/   Adjektiv
aus Filigran, filigranähnlichen Formen bestehend, fein[gliedrig]
Ein Uhrwerk ist eine filigrane Konstruktion.

396   *Finesse (f)*   /Finésse/   Substantiv
Trick, Kunstgriff, Schlauheit, Durchtriebenheit, Besonderheit
Sie gewann den Wettbewerb durch eine Finesse in ihrer
Darstellung.

397 *fingieren*   /fingíeren/   Verb
vorspielen, vortäuschen
Es war ein fingierter Tod, um Geld zu erschleichen.

398 *Finis (n)*   /Fínis/   Substantiv
Schluss, Ende
ein aufschlussreiches Finis

399 *Finissage (f)*   /Fínissage/   Substantiv
Veranstaltung zur Beendigung einer Kunstausstellung, Schließung
einer Galerie o. Ä.
Die Finissage bereitete eine aufregende Überraschung.

400 *Finte (f)*   /Fínte/   Substantiv
Vorwand, Täuschung
Die Räuber fallen auf die Finte rein.

401 *fintenreich*   /fíntenreich/   Adjektiv
geschickt im Erfinden von Ausflüchten, Vorwänden, häufig
Finten gebrauchend
Der fintenreiche Dieb wurde bis heute nicht geschnappt.

402 *Firmament (n)*   /Firmamént/   Substantiv
Himmel, Himmelsgewölbe
Ein Blick ins Firmament verdeutlicht die Weite des Universums.

403 *flamboyant*   /flamboyánt/   Adjektiv
flammend, geflammt, farbenprächtig, grellbunt
Das Mädchen trägt ein flamboyantes Kleid.

404 *flanieren*   /flaníeren/   Verb
ohne ein bestimmtes Ziel langsam umherschlendern
Das Paar flaniert über die Promenade.

405   ***Flucht (f)***   /Flúcht/   Substantiv
das Ausweichen aus einer [Lebens]situation, die als unangenehm
oder nicht bewältigbar empfunden wird
Er schafft die Flucht in die Anonymität.

406   ***Fluidum (n)***   /Fluídum/   Substantiv
Wirkung die von etw. ausgeht und eine Atmosphäre schafft
Der Herrscher besitzt ein bedrohliches Fluidum.

407   ***Fluktuation (f)***   /Fluktuatión/   Substantiv
unregelmäßige, zufällige Veränderung, Schwankung
Die Schule weist eine starke Fluktuation der Angestellten auf.

408   ***fluktuieren***   /fluktuiéren/   Verb
schwanken, sich ändern, unstetig
Windböen fluktuieren häufig, was die Arbeit auf dem Schiff
erschwert.

409   ***Formation (f)***   /Formatión/   Substantiv
Herausbildung durch Zusammenstellung
Die Tanzgruppe ist in einer bestimmten Formation aufgestellt.

410   ***formidabel***   /formidábel/   Adjektiv
durch seine Größe, Leistung o. Ä. beeindruckend, großartig
Die formidable Sportlerin gewinnt jeden Wettkampf.

411   ***fortan***   /fortán/   Adverb
von einem bestimmten markanten Zeitpunkt an
Er zog aufs Land und lebte fortan als Siedler.

412   ***Fortuna (f)***   /Fortúna/   Substantiv
Glück
Fortuna erwies sich ihr hold.

413 **_fragil_**   /fragíl/   Adjektiv
zerbrechlich, fein, zart, gebrechlich, grazil, hauchdünn
Die fragile Pflanze ist anfällig für Schäden.

414 **_fraktal_**   /fraktál/   Adjektiv
vielfältig gebrochen, stark gegliedert
Die fraktale Struktur ermöglicht einen interessanten Einblick.

415 **_frappant_**   /frappánt/   Adjektiv
verblüffend, überraschend, frappierend
Die Sängerin hat eine frappante Ähnlichkeit mit Marilyn Monroe.

416 **_frappieren_**   /frappíeren/   Verb
sehr überraschen, in Erstaunen versetzen
Der Auftritt frappiert das Publikum.

417 **_frappierend_**   /frappíerend/   Adjektiv
auffallend, auffällig, außergewöhnlich, erstaunlich
Die Geschwister haben eine frappierende Ähnlichkeit.

418 **_fraternisieren_**   /fraternisíeren/   Verb
sich verbrüdern, Freundschaft schließen
An Weihnachten fraternisierten die Soldaten mit dem Feind.

419 **_Fraternität (f)_**   /Fraternität/   Substantiv
Brüderlichkeit, Verbrüderung, Bruderschaft
Freiheit, Gleichheit und Fraternität sind historische Werte.

420 **_frenetisch_**   /frenétisch/   Adjektiv
stürmisch, leidenschaftlich
Das Publikum spendet frenetischen Beifall.

421 **_freudenreich_**   /freúdenreich/   Adjektiv
reich an Freude
Ich erlebe eine freudenreiche Zeit in Mexiko.

422 **_freund_**   /freúnd/   Adjektiv
wohlgesinnt, wohlgesonnen, zugeneigt
Die Eingeborenen waren Christoph Kolumbus freund.

423 **_frevelhaft_**   /frévelhaft/   Adjektiv
verwerflich
Die Tat wurde durch frevelhaften Leichtsinn verursacht.

424 **_frevelhaft_**   /frévelhaft/   Adjektiv
verwerflich
Er zeigte in der Kirche eine frevelhafte Geste.

425 **_Freveltat (f)_**   /Fréveltat/   Substantiv
Missetat, Straftat, Übeltat
König Belsazar fiel seiner Freveltat zum Opfer.

426 **_frieden_**   /friéden/   Verb
befrieden, einfrieden
Die Truppen frieden die Region.

427 **_friedvoll_**   /friédvoll/   Adjektiv
lauschig, idyllisch
Im Paradies geht es friedvoll her.

428 **_frohgemut_**   /fróhgemut/   Adjektiv
fröhlich, zuversichtlich (auch frohmütig)
Eine frohgemute Person bringt allen Menschen Freude.

429   *Frühlicht (n)*   /Frühlicht/   Substantiv
Morgendämmerung, erstes Licht des Tages
Die Atmosphäre ist am schönsten während des Frühlichts.

430   *fulminant*   /fulminánt/   Adjektiv
ausgezeichnet, glänzend, großartig
Das abgeschlossene Studium lässt auf einen fulminanten Erfolg hoffen.

431   *Fundament (n)*   /Fundamént/   Substantiv
[geistige] Grundlage, Basis
Die Fundamente der Kultur werden erschüttert.

432   *fundiert*   /fundiért/   Adjektiv
berechtigt, allgemein anerkannt, untermauert, begründet
Der Wissenschaftler hat ein fundiertes Verständnis der Medizin.

433   *fungieren*   /fungiéren/   Verb
eine bestimmte Funktion ausüben, zu etwas da sein
Die Schaufel kann im Notfall als Waffe fungieren.

434   *Furor (m)*   /Fúror/   Substantiv
Wut, Raserei
Der Angreifer hat sich in einen Furor hineingesteigert.

435   *Furore (f)*   /Furóre/   Substantiv
Aufsehen, Aufregung
Die Entdeckung sorgt für Furore.

G

436 ***gebieterisch***   /gebieterisch/   Adjektiv
herrisch, befehlend, keinen Widerspruch zulassend
Die Prinzessin fordert in gebieterischer Weise den Gehorsam ihrer
Untertanen.

437 ***geboten***   /geboten/   Adjektiv
erforderlich, nötig
Bei diesem Experiment ist Vorsicht geboten.

438 ***gebrechen***   /gebrechen/   Verb
mangeln, fehlen
Dem Kranken gebricht es an Zeit.

439 ***gedeihlich***   /gedeihlich/   Adjektiv
nützlich, fruchtbar
Dieses Medikament hat eine gedeihliche Wirkung.

440 ***Gefilde (n)***   /Gefilde/   Substantiv
Landschaft, Gegend
In diesen Gefilden fühle ich mich wohl.

441 ***geifern***   /geifern/   Verb
gehässige, wütende Worte ausstoßen
Der Mann geifert gegen seine Feinde.

442 ***Gelass (n)***   /Gelass/   Substantiv
kleiner, enger, dürftig eingerichteter Raum
In diesem Gelass wohnen einige Menschen.

443 ***geleiten***   /geleiten/   Verb
jemanden sicher begleiten
Ich geleite die Kinder sicher über die gefährliche Straße.

444   **gelüsten**   /gelüsten/   Verb
jemanden (nach etwas) Lust verspüren lassen
Mich gelüstet es nach körperlichen Berührungen.

445   **Gemach (n)**   /Gemach/   Substantiv
schön ausgestatteter, vornehmer Wohnraum
Die Geschäftsleute leben in einem fürstlichen Gemach.

446   **Gemahl (m)**   /Gemahl/   Substantiv
Ehemann, Ehepartner, Mann, Ehegatte, Gatte
Mein Gemahl liebt mich wie nie zuvor.

447   **genehm**   /genehm/   Adjektiv
willkommen, erwünscht
Dieser Empfang ist mir genehm.

448   **generalisieren**   /generalisieren/   Verb
verallgemeinern
Eine Tat kann nicht auf die ganze Gruppe generalisiert werden.

449   **Generalisierung (f)**   /Generalisierung/   Substantiv
das Generalisieren, Verallgemeinerung
Bei diesen Vorwürfen handelt es sich um Generalisierungen.

450   **generieren**   /generieren/   Verb
hervorbringen, erzeugen
Durch dieses Unterfangen lassen sich mehr Einnahmen
generieren.

451   **generös**   /generös/   Adjektiv
großmütig, freizügig, gebefreudig, großzügig
Dieses Geschenk ist eine generöse Geste.

452   **Genese (f)**   /Genése/   Substantiv
Entstehung, Entwicklung
Es ist eine Genese des Kunstwerkes.

453   **genesen**   /genésen/   Verb
gesund werden, gesunden
Nicht alle Patienten genesen nach dieser Erkrankung.

454   **genialisch**   /geniálisch/   Adjektiv
in Art und Leistung zum Genialen tendierend
Das Auto ist eine genialische Erfindung.

455   **Genius Loci**   /Génius Lóci/   Ausdruck
[Schutz]geist, geistiges Klima eines Ortes
Der Genius Loci Heidelbergs erregt den Geist.

456   **Genozid (m)**   /Genozíd/   Substantiv
Völkermord, Massenmord
Der Genozid wird bis heute verschwiegen.

457   **genuin**   /genuín/   Adjektiv
echt, angeboren
Der Mann hat ein genuines Interesse an seiner Geliebten.

458   **Gepflogenheit (f)**   /Gepflógenheit/   Substantiv
zur Gewohnheit gewordene Handlung
Mit Messer und Gabel essen ist eine Gepflogenheit.

459   **gerieren**   /geriéren/   Verb
sich aufführen, auftreten, sich als etwas zeigen
Die Politiker gerieren sich als Befürworter für eine gerechte
Gesellschaft.

460 **_gerüstet_**   /gerüstet/   Adjektiv
vorbereitet sein
Ich bin für die Aufgabe gerüstet.

461 **_Geschehen (n)_**   /Geschehen/   Substantiv
Episode, Ereignis, Erlebnis, Vorfall, Vorgang, Begebenheit,
Vorkommnis
Das weltpolitische Geschehen wird wesentlich von Amerika
bestimmt.

462 **_Geschmeide (n)_**   /Geschmeide/   Substantiv
kostbarer Schmuck
Die Frau trägt auf der Zeremonie ein goldenes Geschmeide.

463 **_gesunden_**   /gesunden/   Verb
wieder gesund werden, sich erholen, genesen
Er ist nach dem Unfall gesundet.

464 **_getreulich_**   /getreulich/   Adjektiv
ergeben, getreu, loyal, treu
Der Hund folgt seinem Herrchen getreulich.

465 **_Gewand (n)_**   /Gewand/   Substantiv
festliches Kleidungsstück
Zu der Geburt trugen die Heiligen wertvolle Gewänder.

466 **_Gewogenheit (f)_**   /Gewogenheit/   Substantiv
Zugetan sein, Gnade, Gunst, Wohlwollen, Zuneigung,
Zuwendung
Der König ließ dem Untertanen eine seltene Gewogenheit
zukommen.

467   ***geziemend***   /geziémend/   Adjektiv
taktvoll, der Höflichkeit entsprechend
Es wurde den Angehörigen in geziemter Weise vermittelt.

468   ***Gezweig (n)***   /Gezwéig/   Substantiv
Gesamtheit von Zweigen
Um zur Pyramide vorzudringen, musste die Gruppe sich durch
dichtes Gezweig schlagen.

469   ***gigantesk***   /gigantésk/   Adjektiv
ins Riesenhafte, Maßlose übersteigert, maßlos
Diese Anschuldigung ist eine giganteske Übertreibung.

470   ***Gloriole (f)***   /Glorióle/   Substantiv
Heiligen-, Glorienschein
Der Engel ist von einer Gloriole umgeben.

471   ***Gout (m)***   /Goût/   Substantiv
Geschmack
Ihr Kleidungsstil zeugt von einem hervorragenden Gout.

472   ***goutieren***   /goutiéren/   Verb
Geschmack an etwas finden
Man kann sich an diesem Stück goutieren.

473   ***gradieren***   /gradiéren/   Verb
verstärken, auf einen höheren Grad bringen
Die Kraft muss bei dieser Übung besonders gradiert werden.

474   ***Gram (m)***   /Grám/   Substantiv
Kummer
Die Trennung ist mit Gram verbunden.

475   **Grandeur (f)**   /Grandéur/   Substantiv
Großartigkeit, Größe
Es sind lediglich Überreste einstiger Grandeur vorhanden.

476   **Gravidität (f)**   /Gravidität/   Substantiv
Schwangerschaft
Dieses Medikament ist während der Gravidität kontraindiziert.

477   **gravierend**   /gravierend/   Adjektiv
schwerwiegend
Diese Aussage war ein gravierender Fehler.

478   **grazil**   /grazíl/   Adjektiv
anmutig, fein, gertenschlank, geschmeidig, schlank, schmächtig
Das Mädchen hat eine grazile Figur.

479   **Grimm (m)**   /Grímm/   Substantiv
Wut, Zorn
Er zeigt ihnen seinen wilden Grimm.

480   **großherzig**   /großherzig/   Adjektiv
selbstlos, tolerant
Diese Hilfe ist eine großherzige Tat.

481   **grosso modo**   /grósso módo/   Ausdruck
im Großen und Ganzen
Grosso modo war die Veranstaltung ein Erfolg.

482   **Gruft (f)**   /Grúft/   Substantiv
Gewölbe, besondere Grabstätte, Krypta
Die Gruft des Pharaos wurde von Grabräubern geplündert.

483   ***gürten***   /gúrten/   Verb
mit einem Gürtel versehen, etwas als einen Gürtel um jemanden,
sich, etwas legen
sich mit einer Schärpe gürten

484   ***gut situiert***   /gút situiert/   Adjektiv
in guten wirtschaftlichen Verhältnissen lebend oder davon
zeugend
Sie sind in gut situierten Verhältnissen aufgewachsen.

485   ***Gutdünken (n)***   /Gútdünken/   Substantiv
Dafürhalten, Gusto, Geschmack, Belieben, Beurteilung
Die Menschen wurden nach Gutdünken verurteilt.

486   ***guten Mutes sein***   /gúten Mútes sein/   Ausdruck
in einer fröhlichen Stimmung sein, voller Zuversicht sein
Die neuen Schüler betreten guten Mutes den Saal.

487   ***guter Dinge sein***   /gúter Dínge sein/   Ausdruck
hoffnungsvoll, optimistisch, zuversichtlich
In Erwartung der Testergebnisse sind die Kommilitonen guter
Dinge.

488   ***gütlich***   /gútlich/   Adjektiv
in freundlichem Einvernehmen der Partner
Sie kamen zu einer gütlichen Einigung.

489   ***gutsagen***   /gútsagen/   Verb
bürgen, sich verbürgen
Die Eltern sagen die Zuverlässigkeit des Sohnes gut.

490   ***Gynäkologie (f)***   /Gynäkologié/   Substantiv
Frauenheilkunde
Der Student strebt den Facharzt der Gynäkologie an.

H

491   **habelos**   /hábelos/   Adjektiv
besitzlos, arm
Viele Menschen machte der Zweite Weltkrieg heimat-
und habelos.

492   **Habitat (n)**   /Habitát/   Substantiv
Aufenthaltsort, Wohnstätte
Die ist das natürliche Habitat des Wüsten-Regenfroschs.

493   **Habituation (f)**   /Habituatión/   Substantiv
physische und psychische Gewöhnung an Drogen
Die Habituation an bestimmte Substanzen kann große
Konsequenzen haben.

494   **habituell**   /habituéll/   Adjektiv
ständig, gewohnheitsmäßig
Pferd und Esel sind sich habituell ähnlich.

495   **Habitus (m)**   /Hábitus/   Substantiv
Gesamterscheinungsbild einer Person nach Aussehen und
Verhalten
Sein Habitus ist derzeit besonders auffällig.

496   **Häresie (f)**   /Häresié/   Substantiv
Ketzerei, verdammenswerte Meinung
Der Sündige ist der Häresie beschuldigt worden.

497   **harren**   /hárren/   Adjektiv
mit bestimmter innerer Erwartung, sehnsüchtig warten
Die Bettler harren auf Essen.

498 *hasardieren* /hasardieren/   Verb
alles aufs Spiel setzen, wagen
Er hat als Politiker etwas hasardiert.

499 *Hauch (m)* /Hauch/   Substantiv
zaghafte Regung von etwas, Anflug, leise Spur, geringstes
Anzeichen, Andeutung, Schimmer
Sie zeigt einen Hauch von nackter Haut.

500 *Hedonist (m)* /Hedonist/   Substantiv
jemand, dessen Verhalten vorwiegend von der Suche nach
Lustgewinn bestimmt ist
Die Hedonisten in Rom lebten glücklich bis zum Untergang.

501 *Hegemon (m)* /Hegemon/   Substantiv
jemand, der die Vorherrschaft über andere Herrschende hat
Die USA sind der Hegemon in Nordamerika.

502 *hehr* /hehr/   Adjektiv
Ehrfurcht einflößend, erhaben
Die Geburt eines Kindes ist ein hehrer Augenblick.

503 *Heil (n)* /Heil/   Substantiv
Glück, Wohlergehen
Dieses Kraut besitzt eine Wirkung, die Heil bringt.

504 *heimführen* /heimführen/   Verb
zur Heimkehr veranlassen
Der Schäfer kann mithilfe seines Hundes die Herde heimführen.

505 *heißen* /heißen/   Verb
nennen
Ich heiße den einstigen Feind nun meinen Freund.

506 **Hekatombe (f)**   /Hekatómbe/   Substantiv
einem Unheil zum Opfer gefallene, erschütternd große Zahl von
Menschen
Dem Unfall fielen Hekatomben von Menschen zum Opfer.

507 **Helvetien (n)**   /Helvétien/   Substantiv
Schweiz
Helvetien wird äußerst intelligent geführt.

508 **herkulisch**   /herkúlisch/   Adjektiv
besonders stark [wie Herkules]
Actionfiguren verfügen über herkulische Kräfte.

509 **hermetisch**   /hermétisch/   Adjektiv
luftdicht, undurchdringlich, undurchlässig, verschlossen,
wasserdicht, dunkel, geheimnisvoll
Dieser Bunker wird ab sofort hermetisch abgeriegelt.

510 **heroisch**   /heróisch/   Adjektiv
beherzt, couragiert, furchtlos, heldenhaft, kühn
Durch den heroischen Einsatz der Feuerwehr konnte die Katze
gerettet werden.

511 **heroisieren**   /heroisíeren/   Verb
zum Helden erheben, als Helden verherrlichen
einen Diktator heroisieren

512 **Heros (m)**   /Héros/   Substantiv
heldenhafter Mann, Held
der Heros unserer Zeit

513 **Herostrat (m)**   /Herostrát/   Substantiv
Verbrecher aus Ruhmsucht
Der Herostrat zündete das Gebäude an.

514   *Herzeleid (n)*   /Hérzeleid/   Substantiv
seelischer Schmerz, Kummer
Kummer und Herzeleid hatten ihre Spuren hinterlassen.

515   *herzgeliebt*   /herzgeliébt/   Adjektiv
sehr, innig geliebt
Das Kind wird von seiner Mutter herzgeliebt.

516   *heterogen*   /heterogén/   Adjektiv
uneinheitlich, aus Ungleichartigem zusammengesetzt
Die Zusammensetzung des Teams ist sehr heterogen.

517   *heuristisch*   /heurístisch/   Adjektiv
auf methodischem Weg aufgefunden
ein heuristischer Algorithmus

518   *hintanstehen*   /hintánstehen/   Verb
zurückstehen
Sie werden hintanstehen müssen.

519   *hintanstellen*   /hintánstellen/   Verb
zurückstellen
Um beruflich weiterzukommen, musste er sein Privatleben
hintanstellen.

520   *hinwegfegen*   /hinwégfegen/   Verb
mit Macht, Heftigkeit, Schwung entfernen
Die Revolution könnte die Regierung hinwegfegen.

521   *hochherzig*   /hóchherzig/   Adjektiv
großmütig, edel
Ein hochherziger König ist für seine Untertanen da.

522 Hochzeit (f)   /Hóchzeit/   Substantiv
glänzender Höhepunkt, Blütezeit (nicht zu verwechseln mit einer
Eheschließung)
Die Hochzeit des Urlaubs stand kurz bevor.

523 hoffärtig   /hóffärtig/   Adjektiv
dünkelhaft, verletzend überheblich, anmaßend stolz
ein hoffärtiges Wesen zur Schau tragen

524 hold   /hóld/   Adjektiv
anmutig, liebreizend
Eine holde Prinzessin schritt durch den Garten.

525 Hommage (f)   /Hommáge/   Substantiv
Werk als Huldigung für eine Person
eine Hommage auf den Erfinder von Impfungen

526 homogen   /homogén/   Adjektiv
einheitlich oder gleichmäßig beschaffen
Eine homogene Ansammlung vermag die Qualität zu steigern.

527 honorig   /honórig/   Adjektiv
ehrenhaft, vertrauenswürdig
Die Stiftung ist honorig.

528 Hort (m)   /Hórt/   Substantiv
Stätte, an der etwas in besonderem Maße praktiziert wird
Eden ist ein Hort des Glücks.

529 hospitalisieren   /hospitalisíeren/   Verb
in ein Krankenhaus einweisen
Aufgrund der Risikoschwangerschaft muss die Frau hospitalisiert
werden.

530   **hybrid**   /hybrid/   Adjektiv
hochmütig, überheblich, vermessen
Belsazars hybrider Habitus beschwor seinen Tod.

531   **Hybris (f)**   /Hybris/   Substantiv
Hochmut, Überheblichkeit, Vermessenheit
Hybris kommt vor dem Fall.

532   **Hymnus (m)**   /Hymnus/   Substantiv
Hymne
Zu Ehren der Helden wurde ein Hymnus angestimmt.

533   **hyperkorrekt**   /hyperkorrekt/   Adjektiv
übertrieben korrekt
Perfektionisten legen oft ein hyperkorrektes Verhalten an den Tag.

534   **hypertroph**   /hypertroph/   Adjektiv
ein Übermaß aufweisend, übersteigert, überzogen, übermäßig
Der Professor verfügt über ein hypertrophes Selbstbewusstsein.

535   **hypertrophiert**   /hypertrophiert/   Adjektiv
hypertroph
Ein hypertrophiertes Muskelwachstum kann erregend aussehen.

536   **Hypochonder (m)** /Hypochonder/   Substantiv
jemand, der an Hypochondrie leidet/ eingebildeter Kranker
Hypochonder verursachen enorme Kosten für das
Gesundheitssystem.

537   **Hypokrisie (f)**   /Hypokrisie/   Substantiv
Heuchelei, Scheinheiligkeit, Verstellung
Die Hypokrisie der Politiker war kaum auszuhalten.

538   ***Hypomanie (f)***   /Hypomanié/   Substantiv
leichte Art der Manie in Form von gehobener, heiterer
Stimmungslage, Lebhaftigkeit, unter Umständen im Wechsel mit
leicht depressiven Stimmungen
Aufgrund ihrer Hypomanie wurde sie von ihren Freunden
gemieden.

539   ***hypostasieren***   /hypostasíeren/   Verb
vergegenständlichen, als gegenständlich betrachten, auffassen,
verselbstständigen, personifizieren
Die Idee wurde zunehmend hypostasiert.

540   ***Hypothese (f)***   /Hypothése/   Substantiv
Unterstellung, unbewiesene Annahme
Für diese Hypothese fehlt Ihnen jeglicher Beweis.

I

541   ***idealiter***   /ideáliter/   Adverb
im Idealfall
Idealiter kommen alle Teilnehmer pünktlich.

542   ***Idée fixe***   /Idée fixé/   Substantiv
fixe Idee
Es handelt sich um eine Idée fixe ohne Wiederkehr.

543   ***idem***   /ídem/   Adjektiv
derselbe, dasselbe
Beide Therapiemöglichkeiten sind idem.

544   ***Idiosynkrasie (f)***   /Idiosynkrasié/   Substantiv
Gesamtheit persönlicher Eigenheiten, Vorlieben und Abneigungen
Die Idiosynkrasie entwickelte sich vermehrt zu einem Fetisch.

545 Idyllik (f)   /Idýllik/   Substantiv
idyllischer Charakter, idyllische Atmosphäre, Art
Die Idyllik dieses Ortes lässt sich kaum in Worte fassen.

546 Ignorant (m)   /Ignoránt/   Substantiv
männliche bzw. weibliche Person, die ohne Sachkenntnis ist, aber
trotzdem auf dem betreffenden Gebiet handelt, urteilt
Sie zogen es vor, ihr Leben als Ignoranten zu fristen.

547 ikonisch   /ikónisch/   Adjektiv
bildhaft, anschaulich
Eine ikonische Darstellung wurde vollzogen.

548 illegitim   /íllegitim/   Adjektiv
unrechtmäßig, im Widerspruch zur Rechtsordnung [stehend],
nicht im Rahmen bestehender Vorschriften [erfolgend]
Die EU handelt in einigen Bereichen illegitim.

549 illiberal   /ílliberal/   Adjektiv
nicht liberal, engherzig, unduldsam
ein illiberaler Wesenszug

550 illiterat   /ílliterat/   Adjektiv
ungelehrt, nicht wissenschaftlich gebildet
Eine illiterate Person ist für diese Stelle nicht geeignet.

551 illuminieren   /illuminíeren/   Verb
festlich erleuchten, erhellen
Die Eingangshalle des Schlosses ist illuminiert.

552 Illusion (f)   /Illusíon/   Substantiv
Fantasievorstellung, Selbsttäuschung, Traum, Utopie, Vision
Sein Selbstbild ist weitgehend eine Illusion.

553 **_illusionieren_**   /illusioníeren/   Verb
in jemandem eine Illusion erwecken, jemandem etwas vorgaukeln, täuschen
Die Zauberer illusionierten das Publikum.

554 **_illusionistisch_**   /illusionístisch/   Adjektiv
illusionär
Der Räuber hat illusionistische Wesenszüge.

555 **_illuster_**   /illúster/   Adjektiv
Respekt heischend glanzvoll, Bewunderung hervorrufend, erlaucht
Der Autor ist ein illuster Gast in der Aufführung.

556 **_Illustration (f)_**   /Illustratión/   Substantiv
Veranschaulichung, Erläuterung
Zur Illustration wurden Anschauungsobjekte mitgebracht.

557 **_illustrativ_**   /illustratív/   Adjektiv
anschaulich, erläuternd
Seine Erklärung des Sachverhaltes ist sehr illustrativ.

558 **_illustrieren_**   /illustríeren/   Verb
bebildern, veranschaulichen, verdeutlichen
Mit dieser Grafik soll das Prinzip illustriert werden.

559 **_imaginär_**   /imaginär/   Adjektiv
ausgedacht, eingebildet, erdacht, erdichtet
Um die Einsamkeit zu stillen, erfand Robinson imaginäre Freunde.

560 **_imaginieren_**   /imaginíeren/   Verb
sich vorstellen, einbilden
Er imaginiert, wie es wäre ein Held zu sein.

561   *imitativ*   /imitatív/   Adjektiv
auf Imitation beruhend, nachahmend
Das Kind lernte durch imitatives Verhalten.

562   *imitatorisch*   /imitatórisch/   Adjektiv
die Imitation betreffend, auf ihr beruhend, nachahmend
Leider verfügt der Schauspieler nur begrenzt über imitatorische
Fähigkeiten.

563   *imitieren*   /imitiéren/   Verb
nachahmen, nachmachen, nachbilden
Der Verrückte versucht bestimmte Vogelstimmen zu imitieren.

564   *immanent*   /immanént/   Adjektiv
eingeschlossen, enthalten, inbegriffen, innewohnend, einbegriffen
Das Einzelteil ist dem Gesamtangebot immanent.

565   *Immanenz (f)*   /Immanénz/   Substantiv
Enthalten sein, das Innewohnen
Meine Immanenz in dieser Gesellschaft hat einen positiven
Einfluss.

566   *immerdar*   /ímmerdár/   Adverb
immer, künftig, jederzeit
Sie ist jetzt und immerdar für ihn zuständig.

567   *immobil*   /ímmobil/   Adjektiv
unbeweglich, immobil
Aufgrund der Operation ist der Patient kurzzeitig immobil.

568   *immoralisch*   /ímmoralisch/   Adjektiv
unmoralisch
Ein immoralisches Verhalten senkt die Beliebtheit.

569 **_Immortalität (f)_**   /Immortalität/   Substantiv
Unsterblichkeit
Durch diese Tat wird der Krieger Immortalität in der Geschichte
erreichen.

570 **_Imparität (f)_**   /Imparität/   Substantiv
Ungleichheit
Gesellschaftliche Imparitäten können zu sozialen Spannungen
führen.

571 **_imperativ_**   /imperativ/   Adjektiv
befehlend, zwingend, bindend, mit Nachdruck
Die Lehrerin stellt eine imperative Forderung.

572 **_imperativisch_**   /impérativistisch/   Adjektiv
befehlend, fordernd
Der Offizier machte eine imperativische Anordnung.

573 **_impertinent_**   /impertinént/   Adjektiv
anmaßend, frech, dreist, frech, gemein, respektlos
Die impertinente Äußerung schadet ihr langfristig selbst.

574 **_Impertinenz (f)_**   /Impertinénz/   Substantiv
Anmaßung, Dreistigkeit, Frechheit, Gemeinheit, Respektlosigkeit
Diese Anschuldigung ist eine grobe Impertinenz.

575 **_Impetus (m)_**   /Ímpetus/   Substantiv
Anstoß, Antrieb, Impuls
Personen mit Depressionen mangelt es häufig an Impetus.

576 **_implizieren_**   /implizíeren/   Verb
einbeziehen, bedeuten, ist enthalten, gleichzeitig beinhalten
Diese Aussage impliziert eine negative Haltung dieser Person
gegenüber.

577   ***Imponderabilie (f)*** /Imponderabilie/   Substantiv
nicht vorzusehender Faktor, Unwägbarkeit
Bei der Bewertung des Unternehmens gibt es viele
Imponderabilien.

578   ***Imponderabilien (f)*** /Imponderabilien/   Substantiv
sind unwägbare Gegebenheiten, nicht quantifizierbare Risiken
Beim Investieren gibt es immer Imponderabilien.

579   ***Importanz (f)***   /Importanz/   Substantiv
Wichtigkeit, Bedeutsamkeit
Diese Entscheidung hat eine weitreichende Importanz für seine
Zukunft.

580   ***impraktikabel***   /impraktikabel/   Adjektiv
undurchführbar, unrealisierbar
Dieser Lösungsvorschlag erscheint impraktikabel.

581   ***in abstracto***   /in abstracto/   Ausdruck
rein begrifflich, nur in der Vorstellung
Die Existenz ist rein in abstracto.

582   ***inadäquat***   /Iinadäquat/   Adjektiv
unangemessen, unpassend
Der Mechaniker hat lediglich eine inadäquate Reparatur
durchgeführt.

583   ***Inadäquatheit (f)*** /Inadäquatheit/   Substantiv
das Unangemessensein
die Inadäquatheit der Form

584   ***inakkurat***   /inakkurat/   Adjektiv
nicht akkurat, unsorgfältig
Die Arbeit des Lehrlings ist inakkurat.

585   *inaktuell*   /ínaktuell/   Adjektiv
nicht für die unmittelbare Gegenwart bedeutsam, nicht zeitnah,
nicht zeitgemäß
Es handelt sich um inaktuelle Informationen.

586   *inakzeptabel*   /ínakzeptabel/   Adjektiv
nicht akzeptierbar, unannehmbar, untolerierbar
Der Händler unterbreitete eine inakzeptable Forderung.

587   *inaugurieren*   /inauguríeren/   Verb
in ein hohes Amt einführen, einsetzen, einweihen, schaffen
Die Universität inauguriert den neuen Professor.

588   *Inbrunst (f)*   /Ínbrunst/   Substantiv
Begeisterung, Ekstase, Erregtheit, Erregung, Feuer
Die Inbrunst seines Glaubens verleitet ihn zur Sünde.

589   *inbrünstig*   /ínbrünstig/   Adjektiv
leidenschaftlich, mit glühendem Verlangen
Der Gläubige betet sein Gebet inbrünstig.

590   *indeterminiert*   /indeterminíert/   Adjektiv
unbestimmt, nicht festgelegt (abgegrenzt), frei
Die neuen Gesetze gelten ab sofort indeterminiert.

591   *indezent*   /indezént/   Adjektiv
nicht taktvoll, nicht feinfühlig
Der Arzt stellt eine indezente Frage.

592   *indifferent*   /indifferént/   Adjektiv
neutral, ohne Interesse, gleichgültig
Sie legt ein indifferentes Verhalten an den Tag.

593   ***Indifferenz (f)***   /Indifferénz/   Substantiv
Gleichgültigkeit, Uninteressiertheit
Die Indifferenz einiger Personen gegenüber dem Klimawandel ist
verheerend.

594   ***indigen***   /indigén/   Adjektiv
eingeboren, einheimisch
Die indigene Bevölkerung ist den Fremden freundlich gesinnt.

595   ***indignieren***   /indigniéren/   Verb
Entrüstung hervorrufen, etwas für unwürdig halten
Der Partner wurde durch diesen Vorschlag äußerst indigniert.

596   ***indigniert***   /indigniért/   Adjektiv
über etwas erzürnt, wütend, von etwas unangenehm berührt sein
Der Politiker war äußerst indigniert über die Affäre.

597   ***Indikator (m)***   /Indikátor/   Substantiv
etwas (Umstand, Merkmal), was als (statistisch verwertbares)
Anzeichen für eine bestimmte Entwicklung, einen eingetretenen
Zustand o. Ä. dient
Die Umsatzzahlen können als Indikator für den Aufschwung der
Konjunktur gelten.

598   ***Indiskretion (f)***   /Índiskretion/   Substantiv
Mangel an Verschwiegenheit, das Weitergeben einer geheimen,
vertraulichen Nachricht
Durch eine bewusste Indiskretion wurde ein Konflikt
hervorgerufen.

599   ***indiskutabel***   /índiskutabel/   Adjektiv
von vornherein nicht in Frage kommend
Die Lösung für dieses politische Problem ist indiskutabel.

600 *indolent*   /indolént/   Adjektiv
geistig träge und gleichgültig, schmerzunempfindlich, keine
Schmerzen verursachend
Er erscheint durch sein Auftreten völlig indolent.

601 *induzieren*   /induzíeren/   Verb
bewirken, hervorrufen, auslösen, erzeugen
Der Vorfall induzierte eine Kette von Konsequenzen.

602 *inexistent*   /inexistént/   Adjektiv
nicht vorhanden, nicht bestehend
Ihr inexistentes Interesse bringt den Jüngling zur Verzweiflung.

603 *inferior*   /inferíor/   Adjektiv
untergeordnet, unterlegen, minderwertig, gering
Dieses kaputte Produkt war von einer inferioren Qualität.

604 *infernalisch*   /infernálisch/   Adjektiv
höllisch, teuflisch, unerträglich
Aus dem Brunnen drang ein infernalischer Gestank.

605 *Inferno (n)*   /Inférno/   Substantiv
Hölle, Unterwelt
Die Luftangriffe kamen einem Inferno gleich.

606 *informell*   /informéll/   Adjektiv
lässig, locker, leger
Durch das informelle Gespräch konnten viele Missverständnisse
gelöst werden.

607 *ingeniös*   /ingeniös/   Adjektiv
erfinderisch, schöpferisch
Der ingeniöse Herr erfand Lösungen für komplexe Probleme.

608   ***Ingrimm (m)***   /Íngrimm/   Substantiv
heftiger Zorn, verbissene Wut
Durch den Ingrimm wurde das Herz gebrochen.

609   ***ingrimmig***   /íngrimmig/   Adjektiv
zornig, wütend
Das ingrimmige Verhalten zerstörte die Beziehung.

610   ***inguinal***   /inguinál/   Adjektiv
zur Leistengegend gehörend
Eine inguinale Schwellung kann nichts Gutes verheißen.

611   ***inhärent***   /inhärént/   Adjektiv
eingeschlossen, enthalten, inbegriffen, innewohnend, einbegriffen
Der Mangel and Fachwissen ist dieser Arbeit inhärent.

612   ***inhibieren***   /inhibíeren/   Verb
hemmen, lähmen
Die Wirkung ließ sich durch den Stoff inhibieren.

613   ***initial***   /initiál/   Adjektiv
anfänglich, beginnend
Die initiale Phase auf dem Weg zur ersten Million gestaltet sich als
schwierig.

614   ***initiieren***   /initiíeren/   Verb
anregen, anstoßen, veranlassen, starten, in die Wege leiten,
einweihen
Das Projekt wurde erfolgreich initiiert.

615   ***Inkluse (f)***   /Inklúse/   Substantiv
Einschluss, Reklusen, Klausner
Das Fossil war eine Inkluse des Steines.

616   *inkognito*   /inkógnito/   Adverb
unter einem fremden Namen
Um nicht erkannt zu werden, reist der Künstler inkognito.

617   *inkomparabel*   /inkómparabel/   Adjektiv
nicht vergleichbar
Äpfel und Birnen sind inkomparabel.

618   *inkongruent*   /inkóngruent/   Adjektiv
nicht übereinstimmend, nicht passend
Die Aussagen und Handlungen des Verdächtigen sind
inkongruent.

619   *inkonsistent*   /inkonsistént/   Adjektiv
unbeständig, keinen Bestand haben, widersprüchlich
Der Zeuge macht inkonsistente Angaben.

620   *innervieren*   /innerviéren/   Verb
mit Nerven versehen, anregen, Auftrieb geben, zu etwas
veranlassen
Er wurde durch das Mastermind zu der Tat innerviert.

621   *innovativ*   /innovatív/   Adjektiv
neuartig, einfallsreich, schöpferisch, ideenreich, originell,
schöpferisch, kreativ
Die Idee führte zu einer innovativen Maschine.

622   *insinuieren*   /insinuiéren/   Verb
als Unterstellung, Verdächtigung äußern, unterstellen,
durchblicken lassen
Ich möchte nicht insinuieren, dass Sie der Täter sind.

623   **insistent**   /insistént/   Adjektiv
auf etwas bestehend, beharrlich, hartnäckig
Dieser insistente Nörgler geht mir allmählich auf die Nerven.

624   **insistieren**   /insistiéren/   Verb
auf etw. beharren, bestehen, dringen
Der Angeklagte insistierte auf sein Recht, seinen Anwalt zu kontaktieren.

625   **insolent**   /insolént/   Adjektiv
anmaßend, unverschämt, frech
Die insolente Bemerkung verärgerte die Dame.

626   **inspirativ**   /inspirativ/   Adjektiv
durch Inspiration wirken
Der Besuch des Museums ist sehr inspirativ.

627   **instituieren**   /instituiéren/   Verb
Einrichtung gründen, einsetzen, etablieren, einrichten, errichten
Das Parlament wird instituiert, um eine Demokratie zu etablieren.

628   **insuffizient**   /insuffiziént/   Adjektiv
nicht ausreichend, unzulänglich, unzureichend, mangelhaft
Eine insuffiziente Nierenfunktion verschlechtert das Wohlbefinden.

629   **Insurrektion (f)**   /Insurrektión/   Substantiv
Aufstand, Volkserhebung
Die Insurrektion wurde mit Polizeigewalt niedergeschlagen.

630   **integer**   /intéger/   Adjektiv
unbescholten, moralisch einwandfrei, unbestechlich, unberührt
ein integer Polizist

631 ***Interdependenz (f)*** /Interdependénz/   Substantiv
gegenseitige Abhängigkeit
Die Interdependenz des Ehepaars ist sehr einprägsam.

632 ***Interferenz (f)***   /Interferénz/   Substantiv
Überlagerung, Überschneide, Störung
eine Interferenz von verschiedenen Aufgaben zur gleichen Zeit

633 ***interimistisch***   /interimístisch/   Adjektiv
vorläufig, einstweilig
eine interimistische Lösung

634 ***intermittierend***   /intermittíerend/   Adjektiv
mit Unterbrechung, zeitweilig aussetzend, mit zeitlichen
Zwischenräumen
Die Symptome treten intermittierend auf.

635 ***internalisieren***   /internalisíeren/   Verb
merken, sich einprägen, verinnerlichen
Das Kind hat das Gedicht hervorragend internalisieren können.

636 ***Interpretation (f)***   /Interpretatión/   Substantiv
Auffassung, Auslegung, Deutung, Erklärung, Erläuterung,
Kommentar
Die Interpretation des Artikels wurde mit einer sehr guten Note
versehen.

637 ***intrigant***   /intrigánt/   Adjektiv
abgefeimt, arglistig, böse, boshaft, gemein, heimtückisch
Eine intrigante Person versuchte den Thron zu erobern.

638 ***intrikat***   /intrikát/   Adjektiv
verwickelt, verworren
Seine multiplen Affären sind sehr intrikat.

639 **_investigativ_** /investigatív/   Adjektiv
nachforschend, ausforschend, enthüllend, aufdeckend
Der investigative Journalismus hat viele Geheimnisse enthüllt.

640 **_irrational_** /irrational/   Adjektiv
affektiv, emotional, gefühlsbetont, gefühlvoll, unlogisch,
vernunftwidrig
Die Liebe ist häufig irrational.

641 **_irrelevant_** /írrelevant/   Adjektiv
unerheblich, unwichtig, ohne Bedeutung
Diese Meinung ist im Bezug auf die Entscheidung irrelevant.

642 **_irreversibel_** /irreversibel/   Adjektiv
nicht umkehrbar, nicht rückgängig zu machen, unumkehrbar
Der gesundheitliche Schaden ist leider irreversibel.

643 **_Irrsal (n)_** /Írrsal/   Substantiv
Zustand menschlichen Irrens
Der aktuelle Weg könnte sich als Irrsal herausstellen.

644 **_Isolation (f)_** /Isolatión/   Substantiv
Vereinzelung eines Individuums innerhalb einer Gruppe
Die Isolation der Kinder mit Migrationshintergrund beeinflusst
nachhaltig das Sozialverhalten.

645 **_iterativ_** /iteratív/   Adjektiv
wiederholend
ein iterativer Prozess

J

646   *jählings*   /jählings/   Adverb
plötzlich, abrupt
Jählings ertönte ein Schuss und beendete das Leben.

647   *Jargon (m)*   /Járgon/   Substantiv
Fachjargon, Jugendsprache, Szenensprache, Argot
der Jargon der Fachmänner

648   *Jurisdiktion (f)*   /Jurisdiktión/   Substantiv
Rechtsprechung, Gerichtsbarkeit, Gerichtshoheit
Der Vertrag gilt nicht in dieser Jurisdiktion.

649   *Jurisprudenz (f)*   /Jurisprudénz/   Substantiv
Rechtswissenschaft
Jurisprudenz ist eine Möglichkeit des Studiums.

650   *Justifikation (f)*   /Justifikatión/   Substantiv
das Justifizieren, Rechtfertigung
Der Angeklagte führt eine insuffiziente Justifikation vor.

651   *justifizieren*   /justifizíeren/   Verb
rechtfertigen
Diese Handlungsweise lässt sich nicht justifizieren.

652   *justiziabel*   /justitiábel/   Adjektiv
einer richterlichen Entscheidung, einer Gerichtsbarkeit
unterworfen
Die Tat ist so lange her, dass sie nicht mehr justiziabel ist.

653   *juvenalisch*   /juvenálisch/   Adjektiv
satirisch, spöttisch, von beißendem Spott
Der Kritiker machte eine juvenalische Anmerkung.

654 *juvenil*   /juvenil/   Adjektiv
jugendlich, für junge Menschen, für das jugendliche Alter
charakteristisch, jung
Juvenile Liebschaften sind häufig von kurzer Dauer.

K

655 *kabbalistisch*   /kabbalistisch/   Adjektiv
[für Uneingeweihte] unverständlich
Dieser kabbalistische Zusammenhang bleibt mir verschlossen.

656 *Kadaver (m)*   /Kadaver/   Substantiv
toter Körper eines Tiers, auch menschliche Leiche
Nach dem tödlichen Angriff ist der Körper nur noch ein Kadaver.

657 *kafkaesk*   /kafkaesk/   Adjektiv
im Stil vom Schriftsteller Kafkas, unheimlich, auf unergründliche
Art bedrohlich
Die Handlung dieses Textes ist kafkaesk.

658 *Kairos (m)*   /Kairos/   Substantiv
günstiger Zeitpunkt, der für etwas entscheidende, günstige
Augenblick
Der Kairos für den Sturm der Festung ist jetzt oder nie.

659 *Kaleidoskop (n)*   /Kaleidoskop/   Substantiv
lebendig-bunte [Bilder]folge, buntes Allerlei, bunter Wechsel bei
etw.: ein [buntes] K. von Stimmen, Farben, Eindrücken
Die Stimmen der jungen Frauen gleichen dem Kaleidoskop.

660 *Kalkül (f)*   /Kalkül/   Substantiv
etwas im Voraus abschätzende, einschätzende Berechnung,
Überlegung
Die Tat wurde mit kaltem Kalkül geplant.

661   **Kanon (n)**   /Kánon/   Substantiv
Liste mustergültiger Autoren, Werke
Die Fachschaft erstellt einen Kanon der Klassiker für den
Unterricht.

662   **kaprizieren**   /kaprizíeren/   Verb
eigensinnig auf etwas bestehen, sich auf etwas festlegen
Ohne genügend Informationen ist es nicht ratsam auf etwas zu
kaprizieren.

663   **kapriziös**   /kapriziös/   Adjektiv
launenhaft, eigenwillig
Das Einzelkind ist ein kapriziöses Geschöpf.

664   **kardinal**   /kardinál/   Adjektiv
besonders wichtig, hauptsächlich, grundlegend
Der Pilot beging einen kardinalen Fehler.

665   **Karitas (f)**   /Káritas/   Substantiv
christliche Nächstenliebe, Wohltätigkeit
Die Nonne widmet ihr Leben der Karitas.

666   **Kasualien (f)**   /Kasuálien/   Substantiv
nicht vorhersehbare Ereignisse, Zufälligkeiten
Im Unternehmertum muss mit allen Kasualien gerechnet werden.

667   **Kasuist (m)**   /Kasuíst/   Substantiv
jemand, der spitzfindig argumentiert, Wortverdreher
Mit diesem Kasuisten kann man nicht vernünftig diskutieren.

668   **Kasuistik (f)**   /Kasuístik/   Substantiv
spitzfindige Argumentation, Haarspalterei, Wortverdreherei
Durch diese Kasuistik entstand ein Kommunikationsproblem.

669   **Kasus (m)**   /Kásus/   Substantiv
Vorkommnis
Der Kasus verursachte eine Unsicherheit in diesem
Zusammenhang.

670   **kategorial**   /kategoriál/   Adjektiv
Kategorien betreffend, in, nach Kategorien
Eine kategoriale Ablehnung dieser Menschen ist fehl am Platz.

671   **kategorisieren**   /kategorisiéren/   Verb
ordnen, einordnen
Die Testergebnisse werden in einer Tabelle kategorisiert.

672   **kausal**   /kausál/   Adjektiv
auf dem Verhältnis zwischen Ursache und Wirkung beruhend,
ursächlich
Ursache und Wirkung weisen einen kausalen Zusammenhang auf.

673   **Kausalität (f)**   /Kausalität/   Substantiv
Ursächlichkeit, Zusammenhang, Verbindung
Zwischen dem Wetter und der Stimmung gibt es eine Kausalität.

674   **Kausalnexus (m)**   /Kausálnexus/   Substantiv
Kausalzusammenhang
Dieser Kausalnexus bestimmt die Wirksamkeit des Projektes.

675   **kaustisch**   /kaústisch/   Adjektiv
scharf, ätzend, sarkastisch, spöttisch
ein kaustischer Witz auf andere Kosten

676   **klandestin**   /klandestín/   Adjektiv
geheim, heimlich
eine klandestine Verabredung mit ihrem Liebhaber

677 **_kleindenkend_**   /kleíndenkend/   Adjektiv
kleinlich, unedel denkend
Eine kleindenkende Person wird es im Leben nicht weit bringen.

678 **_kohärent_**   /kohärént/   Adjektiv
zusammenhängend
Der Autor schreibt eine kohärente Geschichte.

679 **_kollektiv_**   /kollektív/   Adjektiv
gemeinschaftlich, alle Beteiligten betreffend, umfassend
Die Aufklärung dieses Kriminalfalls ist von kollektivem Interesse.

680 **_kolportieren_**   /kolportíeren/   Verb
eine ungesicherte, unzutreffende Information verbreiten
Nachrichten kolportieren oft Gerüchte, die unwahr sind.

681 **_kommensurabel_**   /kommensurábel/   Adjektiv
im gleichen Maß messbar, vergleichbar
Beide Messergebnisse sind kommensurabel.

682 **_kommod_**   /kommód/   Adjektiv
gemütlich, einfach, bequem
Das neue Zuhause ist sehr kommod.

683 **_komplementär_**   /komplementär/   Adjektiv
etwas anderes ergänzend
eine komplementäre Information zu der Gebrauchsanleitung

684 **_komplex_**   /kompléx/   Adjektiv
verflochten, zusammenhängend, umfassend, vielschichtig
Die Ursache dieser Erkrankung ist äußerst komplex.

685 *kongenial*   /kongeniál/   Adjektiv
geistig oder künstlerisch ebenbürtig
Der Musiker hat in dem Tänzer einen kongenialen Partner
gefunden.

686 *kongenital*   /kongenitál/   Adjektiv
aufgrund einer Erbanlage bei der Geburt vorhanden
Der Defekt verursachte kongenitale Fehlbildungen.

687 *Konglomerat (n)*   /Konglomerát/   Substantiv
Gemisch, Zusammenballung
Diese Gruppe ist ein Konglomerat von Verschwörern.

688 *kongruent*   /kongruént/   Adjektiv
dasselbe, sich deckend, deckungsgleich, eins
Die Geschichten beider Verdächtiger sind kongruent.

689 *konkludent*   /konkludént/   Adjektiv
ein Ergebnis zusammenfassend
Das konkludente Ergebnis ist nicht zufriedenstellend.

690 *konkludieren*   /konkludíeren/   Verb
schlussfolgern, aus etwas einen Schluss ziehen
Letztendlich möchte der Autor die wichtigsten Punkte
konkludieren.

691 *Konklusion (f)*   /Konklusión/   Substantiv
Schlussfolgerung
Die Konklusion enthält alle wichtigen Umstände.

692 *konkomitant*   /konkomitánt/   Adjektiv
nicht relevant, nicht distinktiv, redundant, irrelevant, unwichtig
Dieser Bericht ist für die Entscheidungsfindung konkomitant.

693   konkordant   /konkordánt/   Adjektiv
übereinstimmend
In allen Zeitungen stehen konkordante Informationen zu dem Unfall.

694   Konsens (m)   /Konséns/   Substantiv
Zustimmung, Übereinstimmung
Über diese Frage gibt es bereits wissenschaftlichen Konsens.

695   Konsequenz (f)   /Konsequénz/   Substantiv
Folge, Auswirkung
In der Konsequenz wurde das Gesetz entschlossen.

696   konsistent   /konsistént/   Adjektiv
stabil, beständig
Das Paar führt eine konsistente Beziehung.

697   Konspiration (f)   /Konspiratión/   Substantiv
Komplott, Verschwörung
Julius ist einer Konspiration zum Opfer gefallen.

698   konstatieren   /konstatíeren/   Verb
feststellen
Ich muss konstatieren, dass ich an dem Unfall schuld bin.

699   konsterniert   /konsterníert/   Adjektiv
bestürzt, fassungslos
Der konsternierte Student verlässt die Vorlesung.

700   konstituieren   /konstituíeren/   Verb
gründen, ins Leben rufen, für etw. grundlegend sein
Die Ordnung wurde durch die Gründer konstituiert.

701   **_kontemplativ_**   /kontemplatív/   Adjektiv
beschaulich, besinnlich, betrachtend, gedankenversunken
Der Priester führt ein kontemplatives Leben.

702   **_konterkarieren_**   /konterkariéren/   Verb
hintertreiben, durchkreuzen
Die Pläne des Generals wurden konterkariert.

703   **_kontinuierlich_**   /kontinuiérlich/   Adjektiv
ununterbrochen
Kontinuierliche Arbeit erhöht die Chance auf Erfolg.

704   **_kontrafaktisch_**   /kontrafáktisch/   Adjektiv
der Realität, Wirklichkeit nicht entsprechend, nicht wirklich
gegeben
Seine Argumentation stützt sich auf kontrafaktische Argumente.

705   **_kontraproduktiv_**   /kóntraproduktiv/   Adjektiv
bestimmten Interessen zuwiderlaufend, ungut, negativ, nicht
konstruktiv
Seine Handlungen sind bezüglich unserer Ziele kontraproduktiv.

706   **_konträr_**   /konträr/   Adjektiv
entgegengesetzt, gegensätzlich
Deine und meine Meinung sind konträr.

707   **_kontrovers_**   /kontrovérs/   Adjektiv
umstritten, entgegengesetzt, strittig
Diese Angelegenheit wird unter Studenten kontrovers diskutiert.

708   **_konventionell_**   /konventionéll/   Adjektiv
den gesellschaftlichen Konventionen entsprechend, förmlich, steif
Konventionelle Kleidung ist auf der Veranstaltung erwünscht.

709 **Konvergenz (f)**   /Konvergénz/   Substantiv
Annäherung, Übereinstimmung von Meinungen, Zielen u. Ä.
Eine Koalition setzt eine Konvergenz politischer Ziele voraus.

710 **Konvolut (n)**   /Konvolút/   Substantiv
Bündel von Schriftstücken, Drucksachen, Sammelband, eine knäul
ähnliche Ansammlung
Ein Konvolut von wichtigen Dokumenten wurde dem
Diplomaten übergeben.

711 **konzedieren**   /konzediéren/   Verb
zugeben, zugestehen, einräumen
Der Politiker konzedierte einen groben Fehler.

712 **konzeptionell**   /konzeptionéll/   Adjektiv
strukturiert, die Konzeption betreffend
Die Kriegsstrategie besitzt zunehmend konzeptionelle Grundzüge.

713 **konzeptualisieren** /konzeptualisiéren/   Verb
als Konzept gestalten
Einige Vorgänge der Wissenschaft wurden langfristig
konzeptualisiert.

714 **Konzinnität (f)**   /Konzinnität/   Substantiv
Ebenmäßigkeit, Gefällig sein
Dieser Satzbau weißt eine enorme Konzinnität auf.

715 **Korporation (f)**   /Korporatión/   Substantiv
Körperschaft, Studentenverbindung
Die städtische Korporation ist für eine gesellschaftliche Ordnung
elementar.

716 ***Korrelation (f)*** /Korrelatión/ Substantiv
wechselseitige Beziehung
eine Korrelation zwischen Nahrungsaufnahme und Wachstum

717 ***korrelieren*** /korreliéren/ Verb
in einer Korrelation stehen
Nahrungsaufnahme und Wachstum korrelieren streng
miteinander.

718 ***korrespondieren*** /korrespondiéren/ Verb
sich decken, entsprechen, gleichen, gleichkommen,
zusammenpassen
Das Liebespaar korrespondiert über die Zukunft der Verbindung
miteinander.

719 ***korrumpieren*** /korrumpiéren/ Verb
durch Bestechung für zweifelhafte Interessen, Ziele gewinnen
Der Richter lies sich nicht durch Geld korrumpieren.

720 ***Koryphäe (f)*** /Koryphäe/ Substantiv
jemand, der auf einem bestimmten Gebiet außergewöhnliche
Fähigkeiten besitzt
In der Heidelberger Uniklinik arbeiten einige Koryphäen.

721 ***krud*** /krúd/ Adjektiv
roh, ungekocht
Das Steak ist noch krud.

722 ***krude*** /krúde/ Adjektiv
roh, unbearbeitet, ungeschliffen, grob, unfein
Diese Idee finde ich äußerst krude.

723 **_Krudelität (f)_**   /Krudelität/   Substantiv
Grausamkeit, Rohheit
Viele Krudelitäten blieben bis heute ungestraft.

724 **_Krux (f)_**   /Krúx/   Substantiv
Last, Kummer, Leid, Schwierigkeit
die Krux/Crux bei der Sache ist, dass …

725 **_kryptisch_**   /kryptisch/   Adjektiv
unklar in der Ausdrucksweise, rätselhaft
Der Hellseher trifft viele kryptische Aussagen.

726 **_kubisch_**   /kubisch/   Adjektiv
würfelförmig, in der dritten Potenz vorliegend
Das Baby hat unmittelbar nach der Geburt einen kubischen
Schädel.

727 **_Küchlein (n)_**   /Küchlein/   Substantiv
kleine Küche
Das Restaurant verfügt lediglich über ein Küchlein.

728 **_Kultus (m)_**   /Kúltus/   Substantiv
Kult
Dieser Kultus forderte viele Opfer.

729 **_kumulieren_**   /kumulieren/   Verb
ansammeln, anhäufen, verstärken, steigern
Die Schadstoffe kumulieren sich im Grundwasser.

730 **_kundmachen_**   /kundmachen/   Verb
bekannt machen, verkünden
Sie möchte die bevorstehende Geburt kundmachen.

731   ***kundtun***   /kúndtun/   Verb
benachrichtigen, informieren, melden, mitteilen, offenbaren,
publizieren, verlautbaren, verlauten, verkünden, publik machen
Die Ehefrau möchte die Nachricht der Heirat ihrer Familie
kundtun.

732   ***kurios***   /kuriós/   Adjektiv
merkwürdig, skurril
Der Unfall ist ein kurioser Vorfall.

733   ***kursorisch***   /kursórisch/   Adjektiv
fortlaufend, von einem zum andern rasch fortschreitend, nicht auf
Einzelheiten eingehend
Die kursorische Behandlung der Thematik führte zu schlechten
Testergebnissen der Schüler.

L

734   ***Labsal (n)***   /Lábsal/   Substantiv
Erfrischung, Hochgenuss, Linderung, Segen, Wohltat, Balsam
Die Mahlzeit nach der langen Reise ist für die Wanderer ein
Labsal.

735   ***Laisser-faire***   /Láisser-fáire/   Ausdruck
Haltung, nicht ins Geschehen einzugreifen/die Dinge sich selbst
zu überlassen
Die Regierung verfolgt eine auf Laisser-faire basierende Politik.

736   ***lakonisch***   /lakónisch/   Adjektiv
kurz, einfach, knapp, einsilbig
Der Polizist lieferte eine lakonische Erklärung für die Verhaftung
des Journalisten.

737 **lancieren**   /lanciéren/   Verb
begünstigen, gezielt in die Öffentlichkeit gelangen lassen
Der Unternehmer hat seinen Sohn in eine politische Position
lanciert.

Land der
738 **Morgenröte (n)**   /Land der Mórgenröte/   Substantiv
China, Land der Mitte, Land des Lächelns, Reich der Mitte
Eine Reise in das Land der Morgenröte birgt viele Abenteuer.

739 **Langmut (f)**   /Lángmut/   Substantiv
nachsichtiges Ertragen, große Geduld
Er weist eine durch nichts zu erschütternde Langmut auf.

740 **lapidar**   /lapidár/   Adjektiv
kurz und knapp, pointiert
Der Schüler gibt lediglich eine lapidare Antwort.

741 **Lapidarstil (m)**   /Lapidárstil/   Substantiv
knappe, kurze Ausdrucksweise
Die Rede wurde gänzlich im Lapidarstil gehalten.

742 **Lapsus (m)**   /Lápsus/   Substantiv
Versehen, Fehler, Ungeschicklichkeit
Dieser Person ist ein Lapsus unterlaufen.

743 **larmoyant**   /larmoạ'jant/   Adjektiv
mit zu viel Gefühl, sentimental, weinerlich
Nach dem Sieg des Spiels wurde der Gegner larmoyant.

744 **lasziv**   /laszív/   Adjektiv
anstößig, anzüglich, doppeldeutig, frivol, pikant, nicht salonfähig
Sie machte eine laszive Bemerkung, um den Freier zu verführen.

745   ***Lateiner (m)***   /Lateiner/   Substantiv
jemand, der die lateinische Sprache beherrscht oder lernt
Voraussetzung dieses Berufs ist es, Lateiner zu sein.

746   ***latent***   /latent/   Adjektiv
vorhanden aber nicht unmittelbar erkennbar, subtil
Manche Menschen sind latent unruhig, wenn sie öffentlich reden
müssen.

747   ***Latenz (f)***   /Latenz/   Substantiv
Verborgenheit, Verstecktheit, Reaktionszeit
Aufgrund seiner langen Latenz konnte er nicht rechtzeitig
reagieren.

748   ***Laureat (m)***   /Laureat/   Substantiv
preisgekrönter Wissenschaftler oder Künstler, Empfänger einer
öffentlichen Auszeichnung
Aus der Uni Heidelberg gingen viele Laureaten hervor.

749   ***legalistisch***   /legalistisch/   Adjektiv
kleinlich, starr an Paragraphen und Vorschriften festhaltend
Der legalistische Beamte ließ mich nicht die Grenze passieren.

750   ***legitim***   /legitim/   Adjektiv
gesetzlich anerkannt, rechtmäßig
Die Einführung dieser Regelung ist völkerrechtlich legitim.

751   ***Leichnam (m)***   /Leichnam/   Substantiv
Leiche
Der junge Leichnam wurde zurück in die Heimat überführt.

752   ***leidvoll***   /leidvoll/   Adjektiv
qualvoll, durch Leid geprägt
Die Fliege führte ein leidvolles Dasein.

753 **_lemurenhaft_**   /lemúrenhaft/   Adjektiv
Gespenstern ähnlich, eigentümlich
Die Greisin hatte ein lemurenhaftes Aussehen.

754 **_Lethargie (f)_**   /Lethargié/   Substantiv
Bequemlichkeit, Geistesträgheit, Gleichgültig, Interesselosigkeit
Die Lethargie des alten Mannes führte zu einer verfrühten
Alterung.

755 **_lethargisch_**   /lethárgisch/   Adjektiv
gleichgültig, interessenlos, passiv, ohne Interesse, passiv,
stumpfsinnig
Das Tier in Gefangenschaft macht einen lethargischen Eindruck.

756 **_Liaison (f)_**   /Liaisón/   Substantiv
Liebesverhältnis, Liebschaft
Die außereheliche Liaison zerbrach die Familie.

757 **_libertär_**   /libertär/   Adjektiv
extrem freiheitlich, anarchistisch
Libertäres Denken kann in einigen Staaten gefährlich sein.

758 **_Libido (f)_**   /Líbido/   Substantiv
auf sexuelle Befriedigung gerichteter Trieb, Bedürfnis, Trieb,
sexuelle Lust zu empfinden, Geschlechtstrieb
Eine erhöhte Libido kann zu vermehrter Produktivität anregen.

759 **_liebreich_**   /liébreich/   Adjektiv
liebevoll
Das Mädchen zeigte ein liebreiches Lächeln.

760   *Liebreiz (m)*   /Liébreiz/   Substantiv
Charme, nettes, reizendes Aussehen, natürlicher, nicht auf
Wirkung bedachter Charme
Der Liebreiz dieser Dame wirkte verführerisch auf den Jüngling.

761   *Liebste (f)*   /Liébste/   Substantiv
Frau, die von jemandem geliebt wird
Seine Liebste weckte ihn mit einem Kuss.

762   *Liebster (m)*   /Liébster/   Substantiv
Mann, der von jemandem geliebt wird
Ihr Liebster schenkt ihr eine Blume.

763   *lind*   /línd/   Adjektiv
angenehm mild, nicht rauh oder kalt
Die Frühlingsluft ist dieses Jahr besonders lind.

764   *linear*   /lineár/   Adjektiv
geradlinig, linienförmig
ein linearer Prozess

765   *literarisch*   /literárisch/   Adjektiv
mit allzu viel Bildungsgut befrachtet, vordergründig
symbolisierend
Seine Gemälde sind sehr literarisch.

766   *lokalisieren*   /lokalisiéren/   Verb
örtlich bestimmen, festlegen, zuordnen
Der Ursprung des Geschehens lässt sich genau lokalisieren.

767   *loyal*   /loyál/   Adjektiv
anständig, aufrecht, aufrichtig, ehrenhaft, eine Instanz
respektierend
Der Kaiser schickte seine loyalen Truppen in den Krieg.

768   **_lukrativ_**   /lukrativ/   Adjektiv
einträglich, gewinnbringend
Das Angebot ist so lukrativ, dass man es nicht ausschlagen kann.

769   **_lukullisch_**   /lukullisch/   Adjektiv
üppig und dabei erlesen
Das exklusive Restaurant liefert ein lukullisches Menü.

770   **_luxurieren_**   /luxurieren/   Verb
üppig leben, schwelgen
Die Römer luxurierten bis aufs Äußerste.

771   **_luzid_**   /luzid/   Adjektiv
durchsichtig, transparent, klar, licht
Die Artikulation der Wörter ist luzide.

772   **_luziferisch_**   /luziferisch/   Adjektiv
teuflisch, bösartig
Der Verbrecher hegt einen luziferischen Plan.

_M_

773   **_magnifik_**   /magnifik/   Adjektiv
großartig, herrlich, wunderbar
Der Audienz wurde ein magnifiker Tanz aufgeführt.

774   **_Maiennacht (f)_**   /Maiennacht/   Substantiv
Mainacht
Das Baby wurde in jener Maiennacht geboren.

775   **_Majorität (f)_**   /Majorität/   Substantiv
Mehrheit, Großteil
Die Majorität ist gegen diese Entscheidung.

776 **makaber**   /makáber/   Adjektiv
mit dem Tod, mit Traurigem, Schrecklichem spaßend
Der Scherz ist äußerst makaber.

777 **Makel (m)**   /Mákel/   Substantiv
Schandmal, Schatten, Unzierde, Odium, Schandfleck, Defekt,
Fehler, Macke, Mangel, Schaden
Das Gesicht der jungen Frau ist ohne jeden Makel.

778 **maliziös**   /maliziös/   Adjektiv
boshaft
Hinter dem Angriff steckt eine maliziöse Absicht.

779 **manieriert**   /manieriert/   Adjektiv
gekünstelt
Das Auftreten war verdächtig manieriert.

780 **manifest**   /manifést/   Adjektiv
eindeutig als etwas Bestimmtes zu erkennen, offenkundig
Der Konflikt wird an diesem Beispiel manifest.

781 **manifestieren**   /manifestiéren/   Verb
sich als etwas Bestimmtes offenbaren, sich zu erkennen geben,
sichtbar werden, sich abzeichnen, sich zeigen
In den Schriften manifestierten sich zunehmend die Absichten des
Verfassers.

782 **Manipulant (m)**   /Manipulánt/   Substantiv
Person oder Einrichtung, die manipuliert
Der Berater des Herrschers ist ein professioneller Manipulant.

783 **manisch**   /mánisch/   Adjektiv
einer Manie folgend, entspringend, krankhaft übersteigert
Der Liebhaber litt unter manischer Eifersucht.

784 ***mannigfaltig***   /mánnigfaltig/   Adjektiv
auf vielerlei Art gestaltet, bunt
Arbeiten mannigfaltigster Art

785 ***Mantra (n)***   /Mántra/   Substantiv
magische Formel
Die Gruppe agiert nach einem bestimmten Mantra.

786 ***marginal***   /marginál/   Adjektiv
geringfügig, unwichtig
Die Testergebnisse erweisen sich als marginal.

787 ***Marginalie (f)***   /Marginálie/   Substantiv
Angelegenheit von weniger wichtiger Bedeutung,
Nebensächlichkeit, Randerscheinung
Sie mussten sich hauptsächlich mit Marginalien beschäftigen.

788 ***Mariage (f)***   /Mariáge/   Substantiv
Heirat, Ehe
Im letzten Moment musste die Mariage annulliert werden.

789 ***martern***   /mártern/   Verb
foltern, misshandeln, quälen, schinden, peinigen, torquieren,
malträtieren
Einige Geheimdienste martern ihre Gefangenen, um an
Informationen zu gelangen.

790 ***martervoll***   /mártervoll/   Adjektiv
quälend, qualvoll
Der Weg ist von Zeit zu Zeit martervoll und steinig.

791 ***martialisch***   /martiálisch/   Adjektiv
kriegerisch, Angst einflößend
eine martialische Auseinandersetzung

792 **Maskerade (f)**   /Maskeráde/   Substantiv
Verkleidung, Kostümierung, Verstellung, Heuchelei
Der Spion versteckte sich hinter einer Maskerade.

793 **Materie (f)**   /Matérie/   Substantiv
rein Stoffliches als Grundlage von dinglich Vorhandenem,
stoffliche Substanz
Der Lehrer ist mit der Materie vertraut.

794 **Maxime (f)**   /Maxíme/   Substantiv
Leitsatz
Immanuel hat die Maxime festgesetzt.

795 **maximieren**   /maximíeren/   Verb
systematisch bis zum Höchstmaß steigern
Das Unternehmen möchte seine Gewinne maximieren.

796 **medioker**   /medióker/   Adjektiv
mittelmäßig
Es ist nicht erstrebenswert nur medioker zu sein.

797 **Mehrer (m)**   /Méhrer/   Substantiv
jemand, der etwas mehrt
ein Mehrer des Wohlstands

798 **meinige**   /méinige/   P.Pronomen
mein
Meinige Worte stoßen auf taube Ohren.

799 **Melancholie (f)**   /Melanchólie/   Substantiv
von großer Niedergeschlagenheit, Traurigkeit oder Depressivität
gekennzeichneter Gemütszustand
In unendlicher Melancholie nahm er sich das Leben.

800   *melodramatisch*   /melodramátisch/   Adjektiv
theatralisch, pathetisch
Die Gruppe verfällt in melodramatische Hysterie.

801   *Menetekel (n)*   /Menetékel/   Substantiv
geheimnisvolles Anzeichen eines drohenden Unheils, Warnung
Dieser Vogel ist ein Menetekel für das was noch kommt.

802   *metamorphosieren*   /metamorphosiéren/   Verb
verwandeln, umwandeln, die Gestalt ändern
Der Frosch kann in einen Prinzen metamorphosieren.

803   *Misanthrop (m)*   /Misanthróp/   Substantiv
Menschenhasser, Menschenfeind
Dieser alte Mann ist ein gestandener Misanthrop.

804   *Misere (f)*   /Misére/   Substantiv
Auswüchse, Elend, Kalamität, Mängel
Die Misere in einigen Gegenden ist kaum auszuhalten.

805   *missvergnügt*   /míssvergnügt/   Adjektiv
verärgert
Aufgrund dieses Umstands war sie fortan missvergnügt.

806   *mokant*   /mokánt/   Adjektiv
spöttisch
Der Angeklagte lächelte nur mokant.

807   *mokieren*   /mokiéren/   Verb
sich über etwas lustig machen, abfällig äußern oder spotten
Sie haben sich über die Außenseiter mokiert.

808   ***Mondesfinsternis (f)***   /Móndesfinsternis/   Substantiv
Mondfinsternis
Zur Zeit der Mondesfinsternis wurde ein Opfer erbracht.

809   ***mondhell***   /móndhell/   Adjektiv
vom Mond erhellt, beschienen
die Nacht war mondhell

810   ***monokausal***   /mónokausal/   Adjektiv
auf eine einzelne Ursache zurückgehend
Diese Krankheit ist monokausal bedingt.

811   ***morbid***   /morbíd/   Adjektiv
anfällig, angegriffen, angekränkelt, angeschlagen, kränklich,
schwach, labil, marode, krank, morsch
Der Gesundheitszustand des Patienten ist äußerst morbide.

812   ***motorisch***   /motórisch/   Adjektiv
die Motorik betreffend, von einem Motor angetrieben
Die motorischen Fähigkeiten des Kindes sind unterentwickelt.

813   ***Mund (f)***   /Múnd/   Substantiv
im germanischen Recht Gewalt des Hausherrn über die in der
Hausgemeinschaft lebenden, von ihm zu schützenden Personen
Er verfügte über die Mund in seinem Hause.

814   ***mutuell***   /mutuéll/   Adjektiv
gegenseitig, wechselseitig
Die Geschäftsbeziehung ist von mutuellem Interesse.

815   ***Myriade (f)***   /Myriáde/   Substantiv
sehr große Anzahl, ungezählte, unzählige
eine Myriade von Sternen

N

816 *nachforschen*   /náchforschen/   Verb
einer Sache zum Zwecke ihrer [Auf]klärung o. Ä. nachgehen
Der Professor forscht nach, ob die Erkenntnisse stimmen.

817 *nachgerade*   /náchgeráde/   Adverb
geradezu
Der Junge wurde nachgerade frech.

818 *narrativ*   /narratív/   Adjektiv
erzählend, in erzählender Form darstellend
Die narrative Geschichte ist sehr anschaulich.

819 *nebulös*   /nebulös/   Adjektiv
unklar, undeutlich, nicht klar umrissen
Es werden nebulöse Tätigkeiten vollzogen, um an Geld zu
kommen.

820 *negieren*   /negíeren/   Verb
abstreiten, ableugnen, bestreiten, dementieren
Sie negierte jegliches Involvement mit dem Täter.

821 *Nepotismus (m)*   /Nepotísmus/   Substantiv
Vetternwirtschaft
Die Armut in diesem Land ist durch Nepotismus mitverursacht.

822 *neuralgisch*   /neurálgisch/   Adjektiv
besonders empfindlich, anfällig für Störungen
Der Patient weist eine neuralgische Persönlichkeitsstruktur auf.

823 *nichtswürdig*   /níchtswürdig/   Adjektiv
verächtlich, gemein
ein nichtswürdiger Kerl

824   *niederlassen*   /niéderlassen/   Verb
sich setzen
Die alte Frau lässt sich auf dem Stuhl nieder.

825   *niederstrecken*   /niéderstrecken/   Verb
sich hinlegen, ausstrecken
Der erschöpfte Arbeiter streckt sich auf dem Sofa nieder.

826   *nihilistisch*   /nihilístisch/   Adjektiv
gleichgültig, alle positiven Ideale, Werte und Normen
bedingungslos ablehnen, auf dem Nihilismus beruhend
Sie hat eine nihilistische Einstellung gegenüber der Welt.

827   *Nimbus (m)*   /Nímbus/   Substantiv
Gloriole, Heiligenschein, glanzvoller Ruhm, besonderes Ansehen
Heilige werden von Malern mit einem Nimbus dargestellt.

828   *nimmermüde*   /nímmermüde/   Adjektiv
unermüdlich
Ein nimmermüder Helfer arbeitet bis alle Aufgaben erledigt sind.

829   *nivellieren*   /nivelliéren/   Verb
angleichen, anpassen, aufheben, ausbalancieren, ausgleichen,
mildern, ebnen, planieren
Langfristig werden sich die Unterschiede nivellieren.

830   *Noblesse (f)*   /Noblésse/   Substantiv
Adel
Die Noblesse ist soeben auf der Zeremonie eingetroffen.

831   *nonchalant*   /nonchálant/   Adjektiv
unkonventionell, lässig, unbekümmert, entspannt, ungezwungen
Der Mord wurde nonchalant ausgeführt.

832 **normativ**   /normatív/   Adjektiv
bindend, maßgebend, entscheidend, Norm dienend
Man einigt sich auf einen normativen Konsens.

833 **nostalgisch**   /nostálgisch/   Adjektiv
der Nostalgie gemäß, dem Vergangenen sehnsüchtig
Sie schwebt in nostalgischen Erinnerungen.

834 **not tun**   /nót tun/   Verb
noch landschaftlich: nötig, vonnöten sein
Bildung tut not in der heutigen Zeit.

835 **notorisch**   /notórisch/   Adjektiv
aus Gewohnheit, gewohnheitsmäßig, regelmäßig, ständig
Der Betrüger ist ein notorischer Lügner.

836 **Novum (n)**   /Nóvum/   Substantiv
Neuigkeit, Neuheit
Diese Art der Kunst stellt ein Novum dar.

837 **Nuance (f)**   /Núance/   Substantiv
feiner gradueller Unterschied, Kleinigkeit, Feinheit
Das Licht ist eine Nuance heller als zuvor.

O

838 **Obliegenheit (f)**   /Obliégenheit/   Substantiv
Pflicht, Aufgabe
Es ist Ihre Obliegenheit zu helfen.

839 **obligat**   /obligát/   Adjektiv
unerlässlich, erforderlich
Es ist obligat, seinen Beitrag für das Projekt zu leisten.

840   *obligatorisch*   /obligatórisch/   Adjektiv
angeordnet, bindend, endgültig
Es ist eine obligatorische Übung, um das Handwerk zu erlernen.

841   *obschon*   /obschón/   Konjunktion
obwohl
Obschon sie erkrankt war, erscheint sie in der Vorlesung.

842   *observieren*   /observiéren/   Verb
[wissenschaftlich] beobachten
Kleinste Veränderungen konnten observiert werden.

843   *Obsession (f)*   /Obsessión/   Substantiv
Zwangsvorstellung oder -handlung
Die Leidenschaft wurde zur Obsession.

844   *obskur*   /obskúr/   Adjektiv
fragwürdig, anrüchig, zweifelhaft
Der Mann mit dem schwarzen Mantel ist eine obskure Gestalt.

845   *Obskurität (f)*   /Obskuritát/   Substantiv
Unbekanntheit, zweifelhafte Herkunft, Dunkelheit
Der Grund für sein Verschwinden ist eine Obskurität.

846   *obsolet*   /obsolét/   Adjektiv
altertümlich, altmodisch, unzeitgemäß, veraltet, anachronistisch
Kassetten sind in der heutigen Zeit obsolet.

847   *obstinat*   /obstinát/   Adjektiv
bockig, eigensinnig, störrisch, trotzig, trotzköpfig, unbelehrbar
Das Kind hat eine obstinate Haltung gegenüber dem Haustier.

848   **obstruktiv**   /obstruktív/   Adjektiv
hemmend, verschleppend, beeinträchtigen
Eine obstruktive Erkrankung der Atemwege kann sehr gefährlich
werden.

849   **obszön**   /obszön/   Adjektiv
unanständig, schlüpfrig
Das Verhalten dieser Person ist obszön.

850   **offerieren**   /offeríeren/   Verb
anbieten, andienen, anpreisen, antragen, ausbieten, ausrufen,
bereitstellen, bieten, präsentieren, reichen
Auf dem Markt werden alle Produkte offeriert.

851   **ohne Zahl**   /ohne Záhl/   Ausdruck
zahllos, unzählbar, unzählig
Die Angreifer auf die Festung sind ohne Zahl.

852   **okkludieren**   /okkludíeren/   Verb
einschließen, verschließen
Der Tunnel durch den Berg wurde bereits okkludiert.

853   **okkupieren**   /okkupíeren/   Verb
fremdes Gebiet [militärisch] besetzen
Die Soldaten müssen das Gebier okkupieren.

854   **oktroyieren**   /oktroyíeren/   Verb
aufdrängen, aufzwingen
Der Händler oktroyiert den Touristen seine Waren.

855   **okzidental**   /okzidentál/   Adjektiv
abendländisch, westlich
Die okzidentale Politik stößt in einigen Teilen der Welt auf
Widerstand.

856   ***ominös***   /ominös/   Adjektiv
bedrohlich, fatal, verhängnisvoll, unheilschwanger, unheilvoll,
anrüchig, von schlimmer Vorbedeutung
Die Berater hüllten sich in ein ominöses Schweigen.

857   ***omnipräsent***   /omnipräsent/   Adjektiv
allgegenwärtig, überall
Der Einfluss der Mafia ist omnipräsent.

858   ***opak***   /opak/   Adjektiv
lichtundurchlässig, undurchsichtig
Fenster sollten besser nicht opak sein.

859   ***operationalisieren***   /opperationalisieren/   Verb
etwas konkretisieren, messbar machen
Die Beobachtungen des Experiments wurden operationalisiert.

860   ***opportun***   /opportun/   Adjektiv
von Vorteil, angemessen, angebracht
Es handelte sich um eine opportune Reaktion.

861   ***opulent***   /opulent/   Adjektiv
aufwendig, fürstlich, großzügig, königlich, pompös
Ihnen wurde eine opulente Mahlzeit serviert.

862   ***ordinär***   /ordinär/   Adjektiv
anrüchig, anstößig, anzüglich, deftig, derb, frivol, obszön, gewagt,
gewöhnlich, pikant
Der Besucher machte eine ordinäre Bemerkung über die
Aufführung.

863   ***orgiastisch***   /orgiastisch/   Adjektiv
zügellos, hemmungslos, ausschweifend
Die Studenten zelebrieren eine orgiastische Feier.

864   ***originär***   /originär/   Adjektiv
ursprünglich, grundlegend neu, eigenständig
Er ist der originäre Autor dieser Arbeit.

865   ***orphisch***   /orphisch/   Adjektiv
geheimnisvoll, mystisch, mysteriös
Eine orphische Angelegenheit beschäftigt die Detektive.

866   ***orthodox***   /orthodox/   Adjektiv
rechtgläubig, strenggläubig, der strengen Lehrmeinung gemäß
Die orthodoxen Fanatiker planten einen Angriff.

867   ***ostentativ***   /ostentativ/   Adjektiv
in provozierender Weise, in herausfordernder Art, bewusst
herausfordern, provokant
Sie vermied in ostentativer Manier, dem Liebhaber zu schreiben.

868   ***Ovation (f)***   /Ovation/   Substantiv
Applaus, Beifallsdonner, Beifallssturm, Ehrung
Das Stück erntete eine stürmische Ovation.

P

869   ***pagan***   /pagan/   Ausdruck
heidnisch
Die paganen Völker wurden angegriffen.

870   ***paginieren***   /paginieren/   Verb
mit Seitenzahlen versehen
Der Autor muss am Ende das Manuskript paginieren.

871   ***par excellence***   /pár excellénce/   Ausdruck
in typischer, mustergültiger Ausprägung, in höchster Vollendung,
schlechthin
Sie ist Feministin par excellence.

872   ***paradox***   /paradóx/   Adjektiv
folgewidrig, unlogisch, widersinnig, widersprüchlich,
inkonsequent, absonderlich, absurd
Diese paradoxe Formulierung führt zu seinem Fall.

873   ***Paranoia (f)***   /Paranoía/   Substantiv
durch gesteigertes Misstrauen gekennzeichnete
Persönlichkeitsstörung mit Wahnvorstellungen
Der Patient leidet an einer schweren Form von Paranoia.

874   ***paranoid***   /paranoíd/   Adjektiv
krankhaft misstrauisch
Er leidet unter paranoiden Wahnvorstellungen.

875   ***paraphieren***   /paraphiéren/   Verb
abzeichnen, unterschreiben, unterzeichnen
Um dieses Dokument zu ermächtigen, muss es zunächst
paraphiert werden.

876   ***parenthetisch***   /parenthétisch/   Adjektiv
beiläufig, nebenbei
Der Arzt macht eine parenthetische Äußerung während der
Untersuchung.

877   ***paritätisch***   /paritätisch/   Adjektiv
ausgewogen, gleichberechtigt, gleichgestellt, gleichrangig
Mann und Frau sollten paritätischen Zugang zum Arbeitsmarkt
haben.

878 *partikular*   /partikulár/   Adjektiv
ein Teil oder Minderheit betreffend
Die Autolobby hat ein partikulares Interesse an guten Straßen.

879 *partizipieren*   /partizipíeren/   Verb
teilnehmen, dabei sein, mitmachen, mitwirken, sich beteiligen
Das Kind möchte an der Freude der anderen partizipieren.

880 *Parvenü (m)*   /Párvenü/   Substantiv
Neureicher, Aufsteiger, Emporkömmling
Ein Parvenü kauft viele teure Autos von der geerbten Million.

881 *pathologisch*   /pathológisch/   Adjektiv
krankhaft
Dieser körperliche Zustand erscheint pathologisch.

882 *Pathos (n)*   /Páthos/   Substantiv
feierliches Ergriffensein, leidenschaftlich-bewegter
Gefühlsausdruck
Sie fühlte ein intensives Pathos.

883 *pedantisch*   /pedántisch/   Adjektiv
engherzig, pedant, pingelig, pinselig, verbissen, pütscherig
ein pedantischer Nachbar

884 *peinigend*   /peínigend/   Adjektiv
quälend
Der Patient leidet unter peinigenden Schmerzen.

885 *pejorativ*   /pejoratív/   Adjektiv
eine negative Bedeutung besitzend, abwertend, negativ, abschätzig
Penner ist ein pejorativer Begriff für einen Obdachlosen.

886   ***pekuniär***   /pekuniär/   Adjektiv
geldlich, finanziell
Durch das Erbe geriet sie in eine pekuniär angenehme Lage.

887   ***Pendant (n)***   /Pendánt/   Substantiv
[ergänzendes] Gegenstück, Entsprechung
Die Frau ist das Pendant zum Mann.

888   ***penibel***   /peníbel/   Adjektiv
kleinlich, exakt, genau, gründlich
Der Lehrer ist in dieser Angelegenheit sehr penibel.

889   ***perfide***   /perfíde/   Adjektiv
heimtückisch, hinterhältig, niederträchtig
Der Junge spielt seinem Lehrer einen perfiden Streich.

890   ***perforieren***   /perforiéren/   Verb
mit Löchern versehen, durchlöchern
Der Körper wurde von Projektilen perforiert.

891   ***periodisieren***   /periodisiéren/   Verb
in bestimmte Perioden einteilen
Die Elemente wurden systematisch periodisiert.

892   ***peripher***   /periphér/   Adjektiv
in der Peripherie liegend, außerhalb
Der See liegt peripher.

893   ***perniziös***   /perniziös/   Adjektiv
bösartig, unheilvoll, verderblich, bösartig
Aufgrund einer Erkrankung leidet der Patient unter einer
perniziösen Anämie.

894 ***persiflieren***   /persiflíeren/   Verb
auf geistreiche Art durch übertreibende Nachahmung verspotten
Der Komiker persiflierte den Politiker auf spannende Weise.

895 ***pervertieren***   /pervertíeren/   Adjektiv
verderben, verfälschen, ins Gegenteil, ins Negative verkehren
Durch die Neugestaltung wurde das historische Bauwerk
pervertiert.

896 ***Pheromon (n)***   /Pheromón/   Substantiv
Wirkstoff, der zwischen Individuen der gleichen Art Signale
vermittelt
Die Übertragung der Informationen erfolgt mittels Pheromone.

897 ***philiströs***   /philiströs/   Adjektiv
kleinbürgerlich-engstirnig, beschränkt, spießig
Ich habe einen philiströsen Nachbarn.

898 ***pittoresk***   /pittorésk/   Adjektiv
malerisch
Die Landschaft liegt dem Berg pittoresk zu Füßen.

899 ***plädieren***   /plädíeren/   Verb
sich einsetzen, sich engagieren, sich für etwas aussprechen
Der Mandant plädiert für einen fairen Prozess.

900 ***plagiieren***   /plagiíeren/   Verb
fälschen, imitieren, kopieren
Die Politikerin plagiierte ihre Doktorarbeit.

901 ***plakativ***   /plakatív/   Adjektiv
betont auffällig, einprägsam, bemüht, betont, deutlich
Die Menschen gestalten eine plakative Demonstration zu den
Missständen.

902 *plastisch*   /plástisch/   Adjektiv
bildhauerisch, modelierfähig, knetbar, formbar, anschaulich
Die plastische Gestaltung von Figuren ist ein kreativer Zeitvertreib
für viele Menschen.

903 *Plazet (n)*   /Plázet/   Substantiv
Zustimmung, Einwilligung
Der Bürgermeister gibt sein Plazet für die Demonstration.

904 *pointieren*   /pointiéren/   Verb
hervorheben, gezielt betonen
Ich möchte meine Unschuld pointieren.

905 *pointiert*   /pointiért/   Adjektiv
gezielt, scharf zugespitzt
Der Soldat tätigt einen pointierten Schuss auf den Angreifer.

906 *polarisieren*   /polarisiéren/   Verb
spalten, trennen, Gegensätze schaffen
Der Redner polarisiert mit seinen anstößigen Worten.

907 *polyglott*   /polyglótt/   Adjektiv
mehrsprachig, vielsprachig, multilingual
Eine polyglotte Abfassung der Arbeit wird veröffentlicht.

908 *possessiv*   /posséssiv/   Adjektiv
besitzanzeigend, in Besitz nehmend
Der Liebhaber ist possessiv und eifersüchtig.

909 *postkoital*   /postkoital/   Adjektiv
nach dem Sex
Bei Männern kommt es häufig zu postkoitaler Müdigkeit.

910   *postpartal* /postpartal/   Adjektiv
nach der Geburt
Postpartale Blutungen können ein erhebliches Risiko darstellen.

911   *prädestiniert* /prädestiniert/   Adjektiv
für etwas vorbestimmt sein, besonders geeignet sein
Er ist für diesen Arbeitsplatz als Tischler prädestiniert.

912   *prädisponieren* /prädisponieren/   Verb
im Voraus festlegen, anfällig sein
Das Testergebnis kann durch die geringe Lernzeit prädisponiert
werden.

913   *präformieren* /präformieren/   Verb
in der Ausprägung, vorbilden
Der Verkäufer präformiert sein Angebot.

914   *pragmatisch* /pragmátisch/   Adjektiv
anwendungsbezogen, handlungsbezogen
Der Tischler hat eine pragmatische Herangehensweise an das
Projekt.

915   *prägnant* /prägnánt/   Adjektiv
etwas in knapper Form genau treffend
Als Eselsbrücken helfen oft prägnante Sätze.

916   *präpotent* /präpotént/   Adjektiv
übermächtig, aufdringlich, frech, überheblich
Der Einfluss dieser Partei ist präpotent.

917   *Präpotenz (f)* /Präpoténz/   Substantiv
Überlegenheit, Überheblichkeit, Übergewicht, Dominanz,
Übermächtigkeit
Durch die Präpotenz dieses Teams leidet sein Ruf.

918   *präsent*   /präsént/   Adjektiv
anwesend, gegenwärtig
Die Forderung nach Umweltschutz ist überall präsent.

919   *prätentiös*   /prätentiös/   Adjektiv
aufschneiderisch, prahlerisch, sich den Anschein von etwas
positiven verleihen
Das Verhalten dieser Person ist prätentiös.

920   *präventiv*   /präventív/   Adjektiv
vorbeugend, verhütend, eine bestimmte, nicht gewünschte
Entwicklung verhindernd
Um Störungen im Unterricht zu vermeiden, sollte man präventiv
handeln.

921   *präzisieren*   /präzisíeren/   Verb
genau angeben, genauer bestimmen
Für eine genaue Antwort müssen Sie die Fragestellung weiter
präzisieren.

922   *prekär*   /prekär/   Adjektiv
misslich, heikel, schwierig
Diese Gruppe lebt in prekären Zuständen.

923   *Prestige (n)*   /Prestíge/   Substantiv
Ansehen, Geltung, Image, Leumund, Ruf, Nimbus
Nicht das Geld, sondern das Prestige ist ihr wichtig.

924   *preziös*   /preziös/   Adjektiv
geziert, gekünstelt, unnatürlich
Sie gestaltet ihre Kunstwerke auf preziöse Weise.

925 **probabilistisch**   /probabilístisch/   Adjektiv
die Wahrscheinlichkeit berücksichtigend
Der Wissenschaftler macht eine probabilistische Annahme.

926 **probat**   /probát/   Adjektiv
erprobt, bewährt
Es werden nur probate Mittel eingesetzt.

927 **profan**   /profán/   Adjektiv
weltlich, nicht religiösen Zwecken dienend, gewöhnlich, alltäglich
Die Frau plagt sich mit profanen Sorgen.

928 **profund**   /profúnd/   Adjektiv
gründlich, tiefliegend, umfassend
ein profundes Verständnis der Medizin

929 **programmatisch**   /programmátisch/   Adjektiv
richtungweisend, zielsetzend, bahnbrechend, entscheidend
Eine besondere programmatische Entdeckung entscheidet den
Ausgang des Konflikts.

930 **progressiv**   /progressív/   Adjektiv
fortschrittlich, avantgardistisch, emanzipiert, fortschrittlich
Ihre progressive Haltung verhilft ihr zum Erfolg.

931 **projektieren**   /projektíeren/   Verb
ein Projekt entwerfen, etwas abbilden
eine neue Maschine projektieren

932 **Prokrastination (f)** /Prokrastinatión/   Substantiv
Aufschieben von anstehenden Dingen
Die Prokrastination der Hausarbeit bereitet enorme Probleme.

933 prokrastinieren   /prokrastinieren/   Verb
aufschieben, verschieben, vertagen
Der faule Student prokrastiniert alle seine Pflichten.

934 promenieren   /promenieren/   Verb
spazieren gehen, flanieren
Ein Mädchen promeniert auf der Straße.

935 promisk   /promisk/   Adjektiv
sexuell freizügig, promiskuitiv
Die Dirne hatte schon seit ihrer Jugend ein promiskes Verhalten.

936 Promiskuität (f)   /Promiskuität/   Substantiv
Geschlechtsverkehr mit häufig wechselnden Partnern
Die Promiskuität schadet seinem Ruf enorm.

937 prononciert   /prononciert/   Adjektiv
eindeutig, entschieden
Wenige Politiker vertreten einen prononcierten Standpunkt.

938 propädeutisch   /propädeutisch/   Adjektiv
in ein Studienfach einführend
Die propädeutische Veranstaltung half den Studenten sich zu
orientieren.

939 prophylaktisch   /prophylaktisch/   Adjektiv
vorbeugend
Diese medizinische Maßnahme ist prophylaktisch.

940 prosaisch   /prosaisch/   Adjektiv
nüchtern, sachlich, trocken
Prosaische Persönlichkeiten sind häufig eher langweilig.

941   ***prospektiv***   /prospektív/   Adjektiv
vorausschauend, möglicherweise zu erwarten
Die prospektive Studie erzielte aufregende Ergebnisse.

942   ***Prosperität (f)***   /Prosperität/   Substantiv
Gedeihen, wirtschaftlicher Aufschwung, Wohlstand
Die Prosperität ist gewöhnlich dem Fleiß zu verdanken.

943   ***prostituieren***   /prostituíeren/   Verb
in den Dienst eines niedrigen Zwecks stellen und dadurch
herabwürdigen
Manche Menschen prostituieren sich selbst.

944   ***provisorisch***   /provisórisch/   Adjektiv
als Notbehelf dienend, eine vorläufige Lösung darstellend
Für den Übergang helfen oftmals provisorische Lösungen.

945   ***provokativ***   /provokatív/   Adjektiv
herausfordernd, eine Provokation darstellend, angriffslustig,
aufreizend, herausfordern, kampflustig
Die provokative Äußerung führte zu einer Eskalation der
Situation.

946   ***Pseudonym (m)***   /Pseudoným/   Substantiv
Nickname, falscher Name
Dieses Buch wurde unter einem Pseudonym veröffentlicht.

947   ***purgieren***   /purgíeren/   Verb
abführen, säubern, reinigen, läutern
Das Wasser wird von den Schadstoffen purgiert.

Q

948   ***Quantität (f)***   /Quantität/   Substantiv
Dosis, Menge, Anzahl
Um ein angenehmes Leben zu führen, ist eine gewisse Quantität
an Geld notwendig.

949   ***Quell (m)***   /Quéll/   Substantiv
Urgrund, Ursprung von etwas, was als Wert empfunden wird
ein Quell des Lebens

950   ***Querele (f)***   /Queréle/   Substantiv
Scharmützel, unerfreuliche Auseinandersetzung, kleinere Streiterei
Die Querele der Geschwister strapazieren die Nerven der Eltern.

951   ***Querulant (m)***   /Querulánt/   Substantiv
Nörgler, Mäkler, Tadelsüchtiger, Widerspruchsgeist, Meckerfritze
Der Hotelgast ist ein außerordentlicher Querulant.

952   ***Quintessenz (f)***   /Quíntessenz/   Substantiv
Wesentliches, Wichtigstes, Hauptgedanke, Hauptinhalt
Die Quintessenz der Geschichte lautet: …

953   ***Quisquilie (f)***   /Quisquilíe/   Substantiv
Nichtigkeit, Kleinigkeit, Bagatelle
Die Verletzung war lediglich eine Quisquilie.

R

954 rabulistisch   /rabulístisch/   Adjektiv
spitzfindig, wortklauberisch
Die rabulistische Rede evozierte geballte Aufmerksamkeit.

955 rank   /ránk/   Adjektiv
von hohem, geradem Wuchs, schlank und zugleich geschmeidig
Die Sportler sind überwiegend rank und schlank.

956 rapide   /rapíde/   Adjektiv
in schnellem Tempo vor sich gehend
Die Seuche breitet sich in rapidem Tempo aus.

957 Ratio (f)   /Rátio/   Substantiv
Vernunft, schlussfolgernder, logischer Verstand
Die Person lässt sich immer von der Ratio leiten.

958 rational   /rationál/   Adjektiv
sinnvoll, vernünftig, von der Vernunft bestimmt
Es handelt sich um eine rationale Investmentstrategie.

959 Rebensaft (m)   /Rébensaft/   Substantiv
Wein
Wir trinken einen vorzüglichen Rebensaft.

960 reduktionistisch   /reduktionístisch/   Adjektiv
dem Reduktionismus entsprechend
Die reduktionistische Beschreibung ermöglicht ein schnelles
Verständnis.

961 redundant   /redundánt/   Adjektiv
überflüssig, überreichlich, überzählig
Die redundanten Arbeiter wurden aus der Fabrik entlassen.

962   ***Redundanz (f)***   /Redundánz/   Substantiv
das Vorhandensein von eigentlich Überflüssigem
Die Redundanz einiger Vorlesungen ist ermüdend.

963   ***regsam***   /régsam/   Adjektiv
rege, rührig, beweglich
Obwohl sie alt ist, ist sie geistig noch sehr regsam.

964   ***Regsamkeit (f)***   /Régsamkeit/   Substantiv
regsame Art, regsames Wesen, Aktivität
Durch die Regsamkeit dieser Person wird die generelle Moral
gehoben.

965   ***Regung (f)***   /Régung/   Substantiv
leichte Bewegung, Anwandlung, Bewegtheit, Empfindung,
Ergriffenheit
Die Regung der Gefühle verunsichert den emotional instabilen
Jugendlichen.

966   ***rehabilitieren***   /rehabilitiéren/   Verb
jemandes oder sein eigenes [soziales] Ansehen wiederherstellen
Nach der Aussage kann man sich nicht so leicht rehabilitieren.

967   ***Reich der Mitte (n)***   /Reich der Mítte/   Substantiv
China, Land der Mitte, Land der Morgenröte, Land des Lächelns
Im Reich der Mitte gibt es viel zu entdecken.

968   ***rekapitulieren***   /rekapituliéren/   Verb
erinnern, ins Bewusstsein rufen, sich vergegenwärtigen
Bitte rekapitulieren Sie die Inhalte der letzten Vorlesung.

969   rekurrieren   /rekurríeren/   Verb
sich berufen, sich beziehen, sich anlehnen, anknüpfen
Das gegenwärtige Geschehen rekurriert an den Verlauf der
Geschichte.

970   relevant   /relevánt/   Adjektiv
ausschlaggebend, bedeutsam, entscheidend, interessant
Diese Informationen sind für die Entscheidungsfindung relevant.

971   renitent   /renitént/   Adjektiv
bockig, eigensinnig, störrisch, unwillig
Der Mann hat einen renitenten Sohn.

972   renommiert   /renommíert/   Adjektiv
angesehen, geschätzt
Die Architektin ist bereits früh sehr renommiert.

973   repetieren   /repetíeren/   Verb
lernen, wiederholen, durch Wiederholung lernen
Vokabeln muss man repetieren, um sie zu verinnerlichen.

974   repräsentieren   /repräsentíeren/   Verb
etwas nach außen vertreten
Der Präsident repräsentiert die Bevölkerung.

975   resolut   /resolút/   Adjektiv
beherzt, bestimmt, energisch, entschieden, entschlossen, forsch
Das resolute Vorgehen führt zu ihrer Beförderung.

976   respektabel   /respektábel/   Adjektiv
Respekt verdienend, achtbar
Seine respektable Persönlichkeit ist leicht anzuerkennen.

977 *respektive*   /respektíve/   Konjunktion
beziehungsweise, besser gesagt, das heißt, genauer gesagt
Der Baum, respektive die Eiche, ist ein imposantes Lebewesen.

978 *Ressentiment (n)*   /Ressentíment/   Substantiv
Abneigung, Feindschaft, Feindseligkeit, Voreingenommenheit,
Vorurteil
Das Ressentiment führte zu einer Exklusion der
Bevölkerungsgruppe.

979 *Restriktion (f)*   /Restriktión/   Substantiv
Beschränkung, Einschränkung
Diese Regeln sind eine große Restriktion der Freiheit.

980 *restriktiv*   /restriktív/   Adjektiv
einschränkend, beschränkend
Lehrer müssen restriktive Maßnahmen ergreifen.

981 *restringieren*   /restringíeren/   Verb
einschränken, beschränken
Das Tier ist nur durch Ketten restringiert.

982 *Resümee (n)*   /Resümée/   Substantiv
knappe Inhaltsangabe, kurze Zusammenfassung
Das Resümee der Geschichte beinhaltet eine interessante Moral.

983 *retardieren*   /retardíeren/   Verb
verzögern, aufhalten
Einige Tabletten werden retardiert, um die Aufnahme in den
Körper zu verändern.

984 *retirieren*   /retiríeren/   Verb
sich zurückziehen, auf Toilette gehen
Bitte entschuldigen Sie mich kurz, ich muss mich retirieren.

985 **retrospektiv**   /retrospektív/   Adjektiv
rückblickend, zurückschauend
Die retrospektive Analyse ergab einen direkten Zusammenhang.

986 **reüssieren**   /reüssíeren/   Verb
Anerkennung finden, gewinnen, Erfolg haben
Mit viel Kraft und Mut kann ich in diesem Spiel reüssieren.

987 **rezeptiv**   /rezeptív/   Adjektiv
aufnehmend, empfangend, empfänglich
Sie ist rezeptiv für Komplimente.

988 **reziprok**   /reziprók/   Adjektiv
wechselseitig, gegenseitig [erfolgend], aufeinander bezüglich
Die Geschäftspartner arbeiten in reziproker Abhängigkeit.

989 **rigide**   /rigíde/   Adjektiv
steif, starr, streng, unnachgiebig
Ein rigides Regelwerk vermindert die Bereitschaft es zu befolgen.

990 **rigoros**   /rigorós/   Adjektiv
sehr streng, hart [und rücksichtslos]
Der alte Meister ist rigoros.

991 **Ross (n)**   /Róss/   Substantiv
edles Pferd, besonders Reitpferd
Der Ritter besitzt ein edles Ross.

992 **röten**   /rö́ten/   Verb
rot färben, erscheinen lassen
Der Ausschlag rötet die Haut des Kindes.

993   ***Ruch (m)***   /Rúch/   Substantiv
zweifelhafter Ruf
Der Mann steht im Ruch der Korruption.

994   ***ruchlos***   /rúchlos/   Adjektiv
ohne Skrupel, gewissenlos, gemein
An dem Einbruch war ein ruchloser Verbrecher beteiligt.

995   ***rudimentär***   /rudimentär/   Adjektiv
andeutungsweise, angedeutet, ansatzweise, bruchstückhaft
Nach langer Zeit ist die Fähigkeit nur noch rudimentär vorhanden.

S

996   ***sakrosankt***   /sakrosánkt/   Adjektiv
unaussprechlich, starr, heilig, unantastbar
In der Kirche gibt es sakrosankte Gegenstände.

997   ***sardonisch***   /sardónisch/   Adjektiv
boshaft, hämisch und fratzenhaft verzerrt
Der verrückte König hat ein sardonisches Lachen.

998   ***sarkastisch***   /sarkástisch/   Adjektiv
ätzend, beißend, boshaft, gemein, höhnisch, ironisch
Sarkastische Bemerkungen können dem Selbstwertgefühl schaden.

999   ***satanisch***   /satánisch/   Adjektiv
böse, boshaft, teuflisch
Satanische Pläne können nur bedingt nachhaltigen Erfolg bringen.

1000   ***saturiert***   /saturiért/   Adjektiv
satt
In Deutschland gibt es wohl einige saturierte Spießbürger.

1001 *säumig* /sáumig/   Adjektiv
im Rückstand, im Verzug, mit Verspätung
Die säumige Abgabe verhinderte die Annahme des Dokuments.

1002 *schärfen* /schärfen/   Verb
in seiner Funktion verbessern, verfeinern
die Fähigkeiten schärfen

1003 *Schelte (f)* /Schélte/   Substantiv
laut vorgebrachter Tadel, Schimpfen
Der Lehrling verdiente sich eine Schelte.

1004 *schemenhaft* /schémenhaft/   Adjektiv
nur undeutlich, verschwommen
Auf dem Gemälde ist eine schemenhafte Gestalt erkennbar.

1005 *schicklich* /schícklich/   Adjektiv
ein angemessenes Benehmen
Die Kleinen überzeugen mit schicklichem Verhalten.

1006 *Schimpf (m)* /Schímpf/   Substantiv
Beleidigung, Demütigung, Schmach
Der Schimpf kränkt ihn doch sehr.

1007 *schimpflich* /schímpflich/   Adjektiv
schändlich, entwürdigend
Die Stiefmutter behandelt Aschenputtel schimpflich.

1008 *schizophren* /schizophrén/   Adjektiv
absurd, bipolar, widersprüchlich, inkonsequent
Die schizophrene Verfolgung von Straftätern führt nicht zu einem
Erfolg.

1009 **schlaftrunken**   /schláftrunken/   Adjektiv
vom Schlaf noch ganz benommen, noch nicht ganz wach
Früh am Morgen ist diese Person besonders schlaftrunken.

1010 **schleunig**   /schleúnig/   Adjektiv
unverzüglich, sofortig, schnellstmöglich
Nach dem Streich sollte der Nachbarsjunge schleunig nach Hause laufen.

1011 **Schlummer (m)**   /Schlúmmer/   Substantiv
leichterer, oft kürzerer Schlaf, besonders als Zustand wohltuender Entspannung
Der Wecker reist mich aus dem Schlummer.

1012 **Schmach (f)**   /Schmách/   Substantiv
etwas, was als schwere Kränkung, Schande oder Demütigung empfunden wird
die Schmach, eine politische Wahl zu verlieren

1013 **schmachvoll**   /schmáchvoll/   Adjektiv
große Schmach bringend, zufügend, demütigend, erniedrigend
Nach der Krankheit führte er eine schmachvolle Existenz.

1014 **schmählich**   /schmählich/   Adjektiv
verachtenswert, schändlich
Der Verrat des Freundes ist als schmählich zu bewerten.

1015 **schnöde**   /schnöde/   Adjektiv
nichtswürdig, erbärmlich, verachtenswert
um des schnöden Geldes Willen

1016 **Schwadronade (f)**   /Schwadronáde/   Substantiv
Gerede
Die Schwadronade des Politikers ist nicht auszuhalten.

1017 **Schweif (m)**   /Schweif/   Substantiv
längerer, buschiger Schwanz
Das Pferd hat einen langen Schweif.

1018 **seelenvoll**   /seelenvoll/   Adjektiv
voll innerer Wärme, gefühlvoll
Ihre Augen schenken ihm einen seelenvollen Blick.

1019 **segenbringend**   /segenbringend/   Adjektiv
segensreich
Der Bote überträgt eine segenbringende Nachricht.

1020 **segmentieren**   /segmentieren/   Verb
zerlegen, zergliedern
Um sie zu teilen, muss die Nahrung zunächst segmentiert werden.

1021 **selbstisch**   /selbstisch/   Adjektiv
egoistisch
Die Mutter hat rein selbstische Sorgen.

1022 **sensuell**   /sensuell/   Adjektiv
sinnlich wahrnehmbar, sinnlich
Der Sex mit dieser Frau ist ein sensuelles Erlebnis.

1023 **servil**   /servil/   Adjektiv
kriecherisch, untertänig
Die Bürger sind servil.

1024 **Sezession (f)**   /Sezession/   Substantiv
Absonderung, Verselbständigung von Staatsteilen
Die Sezession der Krim ist eine internationale Besonderheit.

1025 *sibyllinisch*   /sibyllínisch/   Adjektiv
geheimnisvoll, rätselhaft
Der Dichter verwendet sibyllinische Worte.

1026 *signifikant*   /signifikánt/   Adjektiv
in deutlicher Weise als wesentlich, wichtig, erheblich erkennbar
Ein signifikanter Unterschied belegte die Hypothese.

1027 *Silberbart (m)*   /Sílberbart/   Substantiv
Bart mit hellem, silbrigschimmerndem Grauton
Der Barbier schnitt den Silberbart ab.

1028 *simplifizieren*   /simplifizíeren/   Verb
reduzieren, vereinfachen, versimpeln, zurückführen, vulgarisieren
Damit alle es verstehen, muss die Aufgabe simplifiziert werden.

1029 *sinister*   /siníster/   Adjektiv
unheilvoll, düster, dunkel, zwielichtig
Ihre Vorahnung ist sinister.

1030 *Sinnhaftigkeit (f)*   /Sínnhaftigkeit/   Substantiv
Eigenschaft, Sinnvoll zu sein
Die Sinnhaftigkeit dieser Aussage ist zu bezweifeln.

1031 *situiert*   /situíert/   Adjektiv
in bestimmten [wirtschaftlichen] Verhältnissen lebend
Es handelt sich um bestens situierte Leute.

1032 *skandieren*   /skandíeren/   Verb
Verse mit starker Betonung der Hebungen sprechen
ein Gedicht skandieren

1033 **skurril**   /skurríl/   Adjektiv
eigenwillig, bizarr, seltsam, merkwürdig
Der Wissenschaftler hat eine skurrile Idee.

1034 **soigniert**   /soigniért/   Adjektiv
elegant, gehoben, gepflegt, seriös, stilvoll
Sie ist eine soignierte Erscheinung.

1035 **somnambul**   /somnambúl/   Adjektiv
schlafwandelnd, mondsüchtig, schlafwandlerisch
Das Opfer wägte sich in somnambuler Sicherheit.

1036 **sondieren**   /sondíeren/   Verb
etwas [vorsichtig] erkunden, erforschen
Die öffentliche Meinung wird sondiert.

1037 **Sonnenglast (m)**   /Sónnenglast/   Substantiv
gleißend helles Sonnenlicht
Sonnenglast erfüllt den Körper mit Wärme.

1038 **sorgsam**   /sórgsam/   Adjektiv
sorgfältig, bedacht
Der Vater ist besonders sorgsam mit dem Neugeborenen.

1039 **soupieren**   /soupiéren/   Verb
ein Souper einnehmen
Die Familie soupiert zu später Stunde.

1040 **späterhin**   /spáterhín/   Adverb
später
Späterhin verlor er sie ganz aus den Augen.

1041 spätpubertär   /spätpubertär/   Adjektiv
unreif
Das spätpubertäre Verhalten verschreckt potentielle Freunde.

1042 Spekulation (f)   /Spekulation/   Substantiv
auf bloßen Annahmen, Mutmaßungen beruhende Erwartung
Die Aktien lassen nur Spekulationen zu.

1043 spezifisch   /spezifisch/   Adjektiv
bezeichnend, charakteristisch
Dieses Verhalten ist für Pinguine spezifisch.

1044 spezifizieren   /spezifizieren/   Verb
bestimmen, definieren, feststellen detailliert ausführen
Sie müssen das Problem spezifizieren, um es zu lösen.

1045 splendid   /splendid/   Adjektiv
freigebig, großzügig, kostbar und prächtig
Er ist ein splendider Gastgeber.

1046 sporadisch   /sporadisch/   Adjektiv
verstreut, vereinzelt, gelegentlich, selten
Die Großmutter erhält im Krankenhaus sporadische Besuche.

1047 stagnieren   /stagnieren/   Verb
in etwas nicht weiterkommen
Das Wirtschaftswachstum in dieser Region stagniert seit vielen
Jahren.

1048 statarisch   /statarisch/   Adjektiv
verweilend, langsam fortschreitend
Seine statarische Arbeit ist nicht zielführend.

1049 *statthaft*   /státthaft/   Adjektiv
anerkannt, bewilligt, erlaubt, genehmigt, gesetzlich
Dieser Offizier ist eine statthafte Persönlichkeit.

1050 *staunenswert*   /stáunenswert/   Adjektiv
so, dass man es bewundern muss
Ihr Fleiß ist staunenswert.

1051 *stet*   /stét/   Adjektiv
gleichbleibend, ständig, andauernd
Der Lehrling hat das stete Wohlwollen seines Chefs.

1052 *stigmatisieren*   /stigmatisiéren/   Verb
brandmarken, anprangern, kennzeichnen, verdammen
Durch die Unfähigkeit die Sprache zu sprechen, wurde die
Arbeiterin stigmatisiert.

1053 *Stigmatisierung (f)*   /Stigmatisiérung/   Substantiv
das Stigmatisieren, das Stigmatisiert werden
Die Stigmatisierung von Kranken führt zu viel Leid.

1054 *stilisieren*   /stilisiéren/   Verb
von dem Erscheinungsbild, wie es in der Natur, Wirklichkeit
vorkommt, abstrahieren und nur in seinen wesentlichen
Grundstrukturen darstellen
Den Baum stilisieren, um ihn künstlerisch interessant zu machen.

1055 *stoisch*   /stóisch/   Adjektiv
beherrscht, bedächtig, gelassen, gemütlich, geruhsam, standhaft,
unerschütterlich
Sie hat gegenüber diesem Sachverhalt eine stoische Haltung.

1056 **Strahlkraft (f)**   /Strahlkraft/   Substantiv
Ausstrahlung
Er ist eine Persönlichkeit von großer Strahlkraft.

1057 **stringent**   /stringent/   Adjektiv
sehr einleuchtend, überzeugend, logisch zwingend, schlüssig
Der Anwalt lieferte ein stringentes Plädoyer ab.

1058 **stupend**   /stupend/   Adjektiv
erstaunlich, verblüffend
Der Schüler weist stupende Fähigkeiten auf.

1059 **sturmgepeitscht**   /sturmgepeitscht/   Adjektiv
vom Sturm gepeitscht
Das Boot hat große Schwierigkeiten auf der sturmgepeitschten See.

1060 **Sturmwind (m)**   /Sturmwind/   Substantiv
Sturm
Am Meer herrscht Sturmwind.

1061 **sublim**   /sublim/   Adjektiv
von Feinsinnigkeit, einem feinen Verständnis, Empfinden zeugend
Die Interpretation des Schülers ist sublim.

1062 **sublimieren**   /sublimieren/   Verb
erhöhen, verfeinern, veredeln
Das Gefühl wird zunehmend sublimiert.

1063 **suboptimal**   /suboptimal/   Adjektiv
weniger gut, nicht optimal
Das Spiel ist für das Team bisher suboptimal verlaufen.

1064　subsidiär　　　/subsidiär/　　　　Adjektiv

unterstützend, Hilfe leistend, behelfsmäßig
Die Streitkräfte erhalten subsidiäre Unterstützung durch ihre
Verbündeten.

1065　Subsistenz (f)　　　/Subsistenz/　　　　Substantiv

Lebensunterhalt, materielle Grundlage
Durch das Unwetter ist die Subsistenz der lokalen Bevölkerung
gefährdet.

1066　subsistieren　　　/subsistieren/　　　　Verb

seinen Lebensunterhalt haben
Viele asiatische Bauern können nicht mehr subsistieren.

1067　substanziieren　　　/substantiieren/　　　　Verb

mit Substanz erfüllen, begründen
Bitte substanziieren Sie Ihre Aussage genauer.

1068　Substitut (n)　　　/Substitut/　　　　Substantiv

Ersatz, Surrogat
Methadon dient als Substitut für Heroin.

1069　subtil　　　/subtil/　　　　Adjektiv

mit großer Sorgfalt, unauffällig, mit viel Feingefühl
Eine subtile Berührung kann viel bedeuten.

1070　Subtilität (f)　　　/Subtilität/　　　　Substantiv

Feinheit, etwas Unterschwelliges, etwas kaum Sichtbares
Diese Subtilität war fein und dennoch von großer Bedeutung.

1071　subversiv　　　/subversiv/　　　　Adjektiv

umstürzlerisch
Der Präsident inhaftierte subversive Kräfte.

1072 ***süffisant***   /süffisánt/   Adjektiv
auf spöttische Weise ein Gefühl der Überlegenheit präsentieren
Er tritt der Person mit einem süffisanten Verhalten gegenüber.

1073 ***suffizient***   /suffiziént/   Adjektiv
genügend, ausreichend, annehmbar, ausreichend
eine suffiziente Anzahl von Teilnehmern

1074 ***suggerieren***   /suggeriéren/   Verb
aufschwatzen, beeinflussen, einreden
Sie suggerierte ihm, dass er sie stört.

1075 ***sukzessiv***   /sukzessív/   Adjektiv
allmählich, nach und nach, schrittweise, stück für stück
Es zeichnet sich ein sukzessives Ansteigen der Lernkurve ab.

1076 ***superb***   /supérb/   Adjektiv
ausgezeichnet, vorzüglich
Das Dinner schmeckt superb.

1077 ***supponieren***   /supponiéren/   Verb
voraussetzen, unterstellen, annehmen
Mathematische Grundkenntnisse werden vor dem Besuch einer
Universität supponiert.

1078 ***Supposition (f)***   /Suppositión/   Substantiv
Annahme, Voraussetzung
Für das Bestehen der Aufgabe wird Lernen als Supposition
angesehen.

1079 ***suspekt***   /suspékt/   Adjektiv
anrüchig, bedenklich, berüchtigt, fraglich
Dies erscheint mir ein suspektes Angebot.

1080 **symptomatisch**   /symptomátisch/   Adjektiv
für etwas bezeichnend
Dieses Verhalten ist symptomatisch für tiefgründigere Prozesse.

T

1081 **tafeln**   /táfeln/   Verb
genussvoll, oft ausgedehnt essen und trinken
In dem Restaurant wurde ausgiebig getafelt.

1082 **tagen**   /tágen/   Adverb
dämmern
Es fängt schon an zu tagen.

1083 **Tagesgrauen (n)**   /Tágesgrauen/   Substantiv
Morgendämmerung, Morgengrauen
Zum Tagesgrauen wird die Arbeit begonnen.

1084 **tangieren**   /tangiéren/   Verb
jmd. In bestimmter Weise berühren, beeinflussen
Der Klimawandel tangiert weltweit sehr viele Menschen.

1085 **technokratisch**   /technokrátisch/   Adjektiv
die Technokratie betreffend
Eine technokratische Regierung wurde eingesetzt.

1086 **Temperenz (f)**   /Temperénz/   Substantiv
Enthaltsamkeit, Mäßigkeit, Mäßigung
Der Gläubige legt eine beispielhafte Temperenz an den Tag.

1087 **theatralisch**   /theatrálisch/   Adjektiv
übertrieben in Gestik, Mimik und Verhalten
In der Hektik erzählt sie die Geschichte theatralisch.

1088   **Tinktur (f)**   /Tinktúr/   Substantiv
dünnflüssiger, meist alkoholischer Auszug aus pflanzlichen oder tierischen Stoffen
Diese Tinktur kann heilende Wirkungen erzeugen.

1089   **Tirade (f)**   /Tiráde/   Substantiv
wortreiche, geschwätzige [nichtssagende] Äußerung, Wortschwall
Er ertrinkt in seinen Tiraden.

1090   **titanisch**   /titánisch/   Adjektiv
gewaltig
Der Held brilliert durch seine titanischen Taten.

1091   **Toilette (f)**   /Toilétte/   Substantiv
das Sichankleiden, Sich zurechtmachen
Die morgendliche Toilette muss schnell gehen.

1092   **tolerabel**   /tolerábel/   Adjektiv
annehmbar, erträglich
Der Trainer empfindet das Ergebnis nicht als tolerabel.

1093   **tradieren**   /tradiéren/   Verb
überliefern, weitergeben
Die Menschen tradieren die alten Schriften seit Jahren.

1094   **tradiert**   /tradiért/   Adjektiv
überliefert, traditionell
Der Alte hat tradierte Vorstellungen.

1095   **traktabel**   /traktábel/   Adjektiv
umgänglich, leicht zu behandeln
eine Krankheit durch eine Therapie traktabler machen

1096 *transkribieren*   /transkribíeren/   Verb
in eine andere Schrift übertragen
Der Wissenschaftler hat einen Text transkribiert.

1097 *Transkulturation (f)* /Transkulturation/   Substantiv
Einflussnahme einer Kultur auf andere Kulturen
Die westliche Transkulturation verändert viele Länder.

1098 *transzendieren*   /transzendíeren/   Verb
die Grenzen eines Bereichs überschreiten
die Grenzen des Möglichen transzendieren und neue Wege gehen

1099 *travestieren*   /travestíeren/   Verb
ins Lächerliche ziehen
Durch abfällige Bemerkungen versuchte er, seinen Opponenten zu travestieren.

1100 *Tribalisierung (f)*   /Tribalisíerung/   Substantiv
bewusstes Sichabgrenzen durch stärkere Orientierung auf die Kultur der eigenen Gruppe.
Die Identität wird durch Tribalisierung gestärkt.

1101 *trist*   /tríst/   Adjektiv
trostlos, freudlos
Der Himmel ist bedeckt und trist.

1102 *triumphant*   /triumphánt/   Adjektiv
triumphierend, frohlockend
Ein triumphanter Sieg wurde errungen.

1103 *trivial*   /triviál/   Adjektiv
alltäglich, gewöhnlich, nichts Auffälliges aufweisend
Diese anfangs triviale Situation entwickelte sich zu einem Problem.

1104 *Trottoir (n)*   /Tróttoir/   Substantiv
Bürgersteig
Sie flanieren das Trottoir entlang.

1105 *tumultuarisch*   /tumultárisch/   Adjektiv
turbulent, aufgeregt, bewegt, bunt, chaotisch, ereignisreich,
hektisch, hitzig, lebhaft, schillernd, schwungvoll, stürmisch,
tumultartig, ungeordnet, unruhig, ungestüm
In diesen tumultuarischen Zeiten ist es schwer, Sicherheit zu
finden.

U

1106 *überkommen*   /überkómmen/   Adjektiv
althergebracht, lange schon bekannt
Die Bräuche und Sitten sind überkommen.

1107 *überliefern*   /überliéfern/   Verb
in jemandes Gewalt übergeben, ausliefern
Der Einbrecher wird der Polizei überliefert.

1108 *überstrahlen*   /überstráhlen/   Verb
Strahlen über etwas werfen
Die Sonne überstrahlt das Tal.

1109 *ubiquitär*   /ubiquitár/   Adjektiv
omnipräsent, überall verbreitet
Die ubiquitär vorkommenden Parasiten verbreiten Krankheiten.

1110 *umnachtet*   /umnáchtet/   Adjektiv
verwirrt
Aufgrund verschiedener Medikamente ist der Mann geistig
umnachtet.

1111   ***umwittern***   /umwittern/   Verb
auf eine geheimnisvolle, undeutliche Weise umgeben, um
jemanden, etwas sein
Geheimnisse umwittern den jungen Mann.

1112   ***unartikuliert***   /unartikuliert/   Adjektiv
nicht deutlich ausgesprochen, laut, wild, undeutlich
Die Reden des Lokalpolitikers sind unartikuliert und dumpf.

1113   ***unentrinnbar***   /unentrinnbar/   Adjektiv
so geartet, dass ein Entrinnen, Umgehen, Vermeiden unmöglich
ist, unvermeidlich
Das Schicksal der Eisbären ist nahezu unentrinnbar.

1114   ***unerfindlich***   /unerfindlich/   Adjektiv
unerklärlich, rätselhaft
Aus unerfindlichen Gründen hat es nicht funktioniert.

1115   ***unerforschlich***   /unerforschlich/   Adjektiv
unergründlich
Seine Beweggründe sind unerforschlich.

1116   ***ungebärdig***   /ungebärdig/   Adjektiv
rebellisch, wild, bockig
Das Kind ist heute besonders ungebärdig.

1117   ***ungebührlich***   /ungebührlich/   Adjektiv
ungehörig, unschicklich
Ihr Verhalten ist ungebührlich, gerade in Anbetracht der Lage.

1118   ***ungelenk***   /ungelenk/   Adjektiv
steif, unbeholfen, schwerfällig, unförmig
ein ungelenkes Kind

1119 **Ungenügen (n)**   /Úngenügen/   Substantiv
ungenügende Beschaffenheit, Leistung, Unzulänglichkeit,
Unbehagen, Unzufriedenheit
Diese Leistung ist ein Ungenügen.

1120 **ungeschmälert**   /ungeschmälert/   Adjektiv
in vollem Umfang, uneingeschränkt
Der ungeschmälerte Dank geht an die tatkräftigen Helfer.

1121 **ungestüm**   /úngestüm/   Adjektiv
stürmisch, heftig, unbändig
Das Pferd ist noch jung und ungestüm.

1122 **unheilvoll**   /únheilvoll/   Adjektiv
unheilbringend
Die Großmutter hat eine unheilvolle Botschaft für den Enkel.

1123 **uniformiert**   /uniformiért/   Adjektiv
eine Uniform tragend
der uniformierte Soldat

1124 **unilateral**   /unilaterál/   Adjektiv
einseitig, nur eine Seite betreffend, von dieser ausgehend
Der Vertrag beinhaltet eine unilaterale Absichtserklärung.

1125 **Unitarismus (m)**   /Unitarísmus/   Substantiv
Bestreben innerhalb eines Staatenverbandes oder Bundesstaates,
die Zentralmacht zu stärken
Der Untarismus wird aktuell sehr stark verfolgt.

1126 **unkonventionell**   /únkonventionell/   Adjektiv
ungewöhnlich, wenig formell, ungezwungen
Die unkonventionelle Kriegsführung bedingte den Sieg der
Aufständischen.

1127 **_unlauter_**   /únlauter/   Adjektiv
unehrlich, unfair
Er hat unlautere Absichten.

1128 **_unprätentiös_**   /únprätentiös/   Adjektiv
bescheiden, nicht prätentiös
Der Künstler ist sehr unprätentiös.

1129 **_unsäglich_**   /unságlich/   Adjektiv
von übel, töricht
Der Witz ist unsäglich.

1130 **_unschicklich_**   /únschicklich/   Adjektiv
anstößig, deplatziert
Ein unschickliches Benehmen führt zu sozialer Isolierung.

1131 **_Unschicklichkeit (f)_** /Únschicklichkeit/   Substantiv
unschickliche Handlung oder Äußerung
Seine Unschicklichkeit wird ihm zum Verhängnis.

1132 **_unstet_**   /únstet/   Adjektiv
ruhelos, rastlos, nicht zur Ruhe kommend, unbeständig
In diesem Land herrscht eine unstete Wirtschaftsentwicklung.

unter Waffen
1133 **_stehen_**   /unter Waffen stehen/   Ausdruck
bewaffnet (und kampfbereit) sein
Die Soldaten stehen bereits unter Waffen.

1134 **_unverbrüchlich_**   /únverbrüchlich/   Adjektiv
nicht zu brechen, unerschütterlich
Er schätzt ihre unverbrüchliche Freundschaft.

1135 *unziemlich*   /únziemlich/   Adjektiv
sich nicht geziemend, sich nicht gehörend
Der Jugendliche benutzt eine unziemliche Wortwahl.

1136 *unzulänglich*   /únzulänglich/   Adjektiv
unzureichend, ungenügend
Um die Operation erfolgreich auszuführen, besitzt der junge
Chirurg unzulängliche Fähigkeiten.

1137 *Usance (f)*   /Usánce/   Substantiv
Brauch, Gepflogenheit
Es ist Usance sich die Hände vor dem Essen zu waschen.

1138 *Usus (m)*   /Úsus/   Substantiv
Sitte, Gewohnheit, Brauch
Der Usus in diesem Land unterscheidet sich grundlegend.

V

1139 *vakant*   /vakánt/   Adjektiv
frei, unbesetzt, verfügbar
Die Arbeitsstelle in diesem Unternehmen ist derzeit vakant.

1140 *vehement*   /vehemént/   Adjektiv
heftig, ungestüm, aufbrausend, erbittert, gehörig
Vehemente Windstöße führten zur Zerstörung des Hauses.

1141 *Vehemenz (f)*   /Veheménz/   Substantiv
Ungestüm, Heftigkeit
Die Vehemenz der Attacke ist enorm.

1142 **ventilieren**   /ventilíeren/   Verb
belüften, mit frischer Luft versorgen, sorgfältig überlegen,
eingehend erörtern
das Problem ausführlich ventilieren

1143 **verbalisieren**   /verbalisíeren/   Verb
ausdrücken, formulieren, in Worte fassen
Der Mann möchte seine Gefühle verbalisieren, indem er
künstlerisch aktiv ist.

1144 **Verblichene (f)**   /Verblíchene/   Substantiv
weibliche Person, die kürzlich gestorben ist
Die Verblichene war stets beliebt.

1145 **Verblichener (m)**   /Verblíchener/   Substantiv
jemand, der kürzlich gestorben ist
Der Verblichene hat ein großes Erbe hinterlassen.

1146 **verdrießen**   /verdríeßen/   Verb
jemanden verärgern, jemanden missmutig machen
Die Unzuverlässigkeit des Arbeiters verdross den Arbeitgeber.

1147 **verifizieren**   /verifizíeren/   Verb
beglaubigen, die Echtheit von etwas bezeugen, bejahen,
bekräftigen, bescheinigen
Um das Dokument ausstellen zu können, muss zunächst die
Echtheit verifiziert werden.

1148 **veritabel**   /veritábel/   Adjektiv
der wahren Tatsache entsprechend, wahrhaft, echt, wirklich
eine veritable Meisterleistung

1149   verlockend   /verlóckend/   Adjektiv
anziehend, unwiderstehlich
Das ist in der Tat ein verlockendes Angebot.

1150   Vermählung (f)   /Vermáhlung/   Substantiv
Heirat, Eheschließung
Die Vermählung geschah sehr früh.

1151   vermessen   /verméssen/   Adjektiv
anmaßen, überheblich
Ich habe eine vermessene Bitte.

1152   vermögen   /vermögen/   Verb
zustande bringen, ausrichten, erreichen
Sie vermag bei ihm alles.

1153   versiert   /versiért/   Adjektiv
beschlagen, bewandert, erfahren, erprobt, fit
Der Programmierer ist technisch besonders versiert.

1154   verstummen   /verstúmmen/   Verb
aufhören zu sprechen, zu singen usw.
Die Musik verstummte langsam.

1155   verwerflich   /verwérflich/   Adjektiv
schlecht, unmoralisch
Diese Tat ist besonders verwerflich.

1156   verzagt   /verzágt/   Adjektiv
ohne Mut und Selbstvertrauen, kleinmütig
Er ging verzagt in die Prüfung.

1157 **Vestibül (n)**   /Vestibül/   Substantiv
Vorhalle, Eingangshalle
Dieses Hotel verfügt über ein großes Vestibül.

1158 **vigilant**   /vigílant/   Adjektiv
aufmerksam, wachsam
Für die Sicherheit ist eine vigilante Aufmerksamkeit wichtig.

1159 **vikariieren**   /vikariíeren/   Verb
für etwas stellvertretend stehen
Ein Synonym vikariiert für das vorgegebene Wort.

1160 **violent**   /violént/   Adjektiv
heftig, gewaltsam
Die Revolte der Gefängnisinsassen war äußerst violent.

1161 **Virtuosität (f)**   /Virtuosität/   Substantiv
meisterhaft vollendete Beherrschung einer Kunst
Der Virtuosität des Pianisten ist erstaunlich.

1162 **virulent**   /virulént   Adjektiv
ansteckend, sich gefahrvoll auswirkend, verbreitend, infektiös,
kontagiös, übertragbar
Es handelt sich um eine äußerst virulente Idee.

1163 **visualisieren**   /visualisíeren/   Verb
optisch darstellen, veranschaulichen
Die Idee wurde durch ein Modell visualisiert.

1164 **visuell**   /visuéll/   Adjektiv
ansprechend, den Gesichtssinn betreffend, über das Sehen
Die Begutachtung dieses Bildes ist eine ungewöhnlich visuelle
Erfahrung.

1165 ***voranschreiten***   /voránschreiten/   Verb
vorangehen
Vollen Mutes schreitet die Gruppe voran.

1166 ***vulgär***   /vulgär/   Adjektiv
anrüchig, anstößig, anzüglich, derb, gewöhnlich
Die vulgären Äußerungen des Trinkers führen letztlich zu einer
Verhaftung.

1167 ***vulgo***   /vúlgo/   Adverb
gemeinhin, gewöhnlich genannt
Dieser Umstand ist vulgo bekannt.

W

1168 ***währen***   /währen/   Verb
dauern, anhalten
Die Hochzeit währte drei Tage, ehe die Gäste müde die Feier
verließen.

1169 ***wandeln***   /wándeln/   Verb
verändern, anders werden
Seit dem Tod seiner Eltern wandelt sich sein Leben.

1170 ***Wegesrand (m)***   /Wégesrand/   Substantiv
Wegrand
Der Kadaver liegt am Wegesrand.

1171 ***weiterreichen***   /weiterreichen/   Verb
etwas weitergeben, weiterleiten
Der Kommilitone reicht den Stift weiter.

1172 **Weltgebäude (n)**   /Wéltgebäude/   Substantiv
Weltraum, All
Sie flogen Richtung Weltgebäude, um niemals zurückzukehren.

1173 **weltläufig**   /wéltläufig/   Adjektiv
weltgewandt
Er ist durchaus ein weltläufiger Reisender.

1174 **widerfahren**   /widerfáhren/   Verb
zuteilwerden, (von jemandem) erlebt, erfahren werden
Immer wieder widerfährt ihr Schlimmes.

1175 **Widerfahrnis (n)**   /Widerfáhrnis/   Substantiv
Widerfahrung, Ereignis, Geschehnis
Ihr begegnet ein besonderes Widerfahrnis.

1176 **willfährig**   /willfährig/   Adjektiv
beflissen, sofort zu Diensten sein
Der König hat willfährige Diener.

1177 **wohlauf**   /wohláuf/   Adjektiv
gesund, wohlan, bei guter Gesundheit
Nach der Operation werde ich wohlauf sein.

1178 **wohlerwogen**   /wóhlerwogen/   Adjektiv
wohlbedacht, gut überlegt
Sie treffen wohlerwogene Entscheidungen.

1179 **Wohlgefallen (n)**   /Wóhlgefallen/   Substantiv
Freude, Begeisterung, Gefallen
Er tut ihm ein Wohlgefallen.

1180 *wohlgemut*   /wóhlgemut/   Adjektiv
fröhlich, zuversichtlich
Sie macht sich wohlgemut auf den langen Weg.

1181 *Wohlgeruch (m)*   /Wóhlgeruch/   Substantiv
angenehmer Geruch, Duft
Nach der Reinigung war der Raum von einem Wohlgeruch erfüllt.

1182 *wohlgestaltet*   /wóhlgestaltet/   Adjektiv
von schöner Gestalt oder Form
Die Skulptur ist eine wohlgestaltete Figur.

1183 *wohltönend*   /wóhltönend/   Adjektiv
angenehm, harmonisch klingend
Die Sängerin hat eine wohltönende Stimme.

1184 *Wohnstätte*   /Wóhnstätte/   Substantiv
Haus, in dem jemand wohnt, Wohnung
Die Familie besitzt eine besonders schöne Wohnstätte.

1185 *Wonne (f)*   /Wónne/   Substantiv
Gefühl der Beglückung, höchster Freude
Es ist eine Wonne, seinem Tun zuzusehen.

1186 *woselbst*   /wosélbst/   Präposition
an welchem Ort, Platz, wo
Sie erwärmen sich, woselbst das Spiel stattfindet.

Z

1187 **zaubrisch**   /zaubrisch/   Adjektiv
bezaubernd
Die Geschichte wird in zaubrischer Atmosphäre gespielt.

1188 **zeihen**   /zeihen/   Verb
bezichtigen, beschuldigen
Der Staatsanwalt zeiht den Angeklagten.

1189 **zeremoniell**   /zeremoniell/   Adjektiv
feierlich, förmlich
ein zeremonieller Empfang der Queen

1190 **zerrinnen**   /zerrinnen/   Verb
allmählich flüssig werden
Der Schnee zerrinnt in der Sonne.

1191 **zerscherben**   /zerscherben/   Verb
in Scherben zerfallen, in Scherben gehen
Durch den Ball zerscherbten die Fensterscheiben.

1192 **Zölibat (n)**   /Zölibat/   Substantiv
sexuell enthaltsam zu leben
Der einstige Mönch brach das Zölibat.

1193 **zu Tode kommen**   /zu Tode kommen/   Ausdruck
das Leben verlieren, sterben, umkommen, ums Leben kommen
Auf der Expedition sind die Entdecker zu Tode gekommen.

1194 **zureichend**   /zureichend/   Adjektiv
hinreichend, genügend
Die Erledigung dieser Aufgabe ist zureichend erfolgt.

1195 **zurückverlangen**   /zurückverlangen/   Verb
jemanden, etwas wiederhaben wollen
Er verlangt ihre Treue zurück.

1196 **zuträglich**   /zúträglich/   Adjektiv
unschädlich, verträglich
Das wird ihrer Gesundheit zuträglich sein.

1197 **zuweilen**   /zuweílen/   Adjektiv
zu gewissen Zeiten, manchmal
Zuweilen scheint er etwas verwirrt.

1198 **zuwider**   /zuwíder/   Präposition
entgegen
Mir ist dein Verhalten zuwider.

1199 **Zwist (m)**   /Zwíst/   Substantiv
Auseinandersetzung, Differenzen, Feindschaft, Feindseligkeit
Der Zwist beider Länder verursacht viel Leid.

1200 **zynisch**   /zýnisch/   Adjektiv
boshaft, spöttisch, verletzend
Der Mitarbeiter machte eine zynische Anmerkung.

Gehobenes Englisch Sprechen
Das Wörterbuch der Englischen Bildungssprache
https://www.amazon.de/dp/B089CXCCTN

Deutsche Sprichwörter & Redewendungen
Das große Wörterbuch der deutschen Sprichwörter und Redewendungen
https://www.amazon.de/dp/B08928JPZY/

ÜBER DEN AUTOR

Vincent Landré wurde am 17.09.1994 in Waren an der Müritz geboren, hat in Niedersachsen das Abitur abgelegt, um dann 2014 das Studium der Humanmedizin an der Ruprecht-Karls-Universität Heidelberg zu beginnen. Seine beruflichen Schwerpunkte sind Chirurgie, Notfallmedizin und Kommunikation.